Inhalt

AF524203

Zu dieser Mappe

Die vorliegenden Kopiervorlagen bieten sich für eine schnelle Unterrichtsvorbereitung an: Sie ermöglichen eine schnelle Auswahl der Lehrplanthemen und sind ohne lange Vorbereitungszeit einsetzbar. Zu jedem Themenaspekt gibt es eine **Einstiegsseite** und **drei Arbeitsblätter mit je einer Differenzierungsstufe**. Für eine **selbstständige Lösungskontrolle** durch die Schüler werden im hinteren Teil der Mappe alle Arbeitsblätter mit Lösungseinträgen bereitgestellt. Sie können die Schüler entweder selbst wählen lassen, welche Differenzierungsstufe sie bearbeiten möchten oder Sie geben je nach Leistungsstand individuell vor, welche Aufgaben gelöst werden sollen.

 Einstiegsseite

 Niveaustufe 1 (leicht)

 Niveaustufe 2 (mittel)

 Niveaustufe 3 (schwer)

Lichtstrahl – Einstieg

Lichtbündel – Lichtstrahl

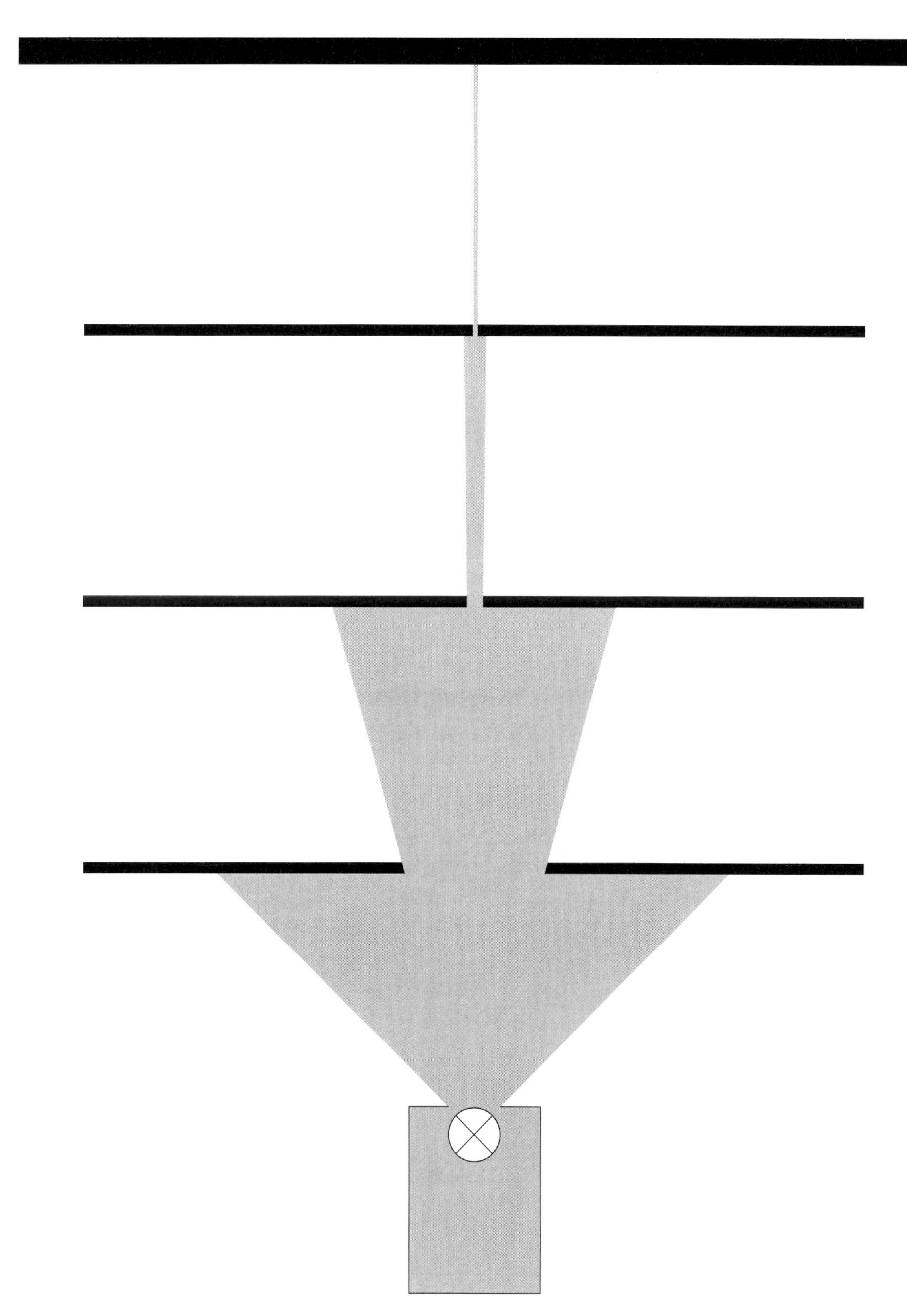

Lichtstrahl I

1 Lichtquellen sind Körper, die von selbst Licht erzeugen. Man unterscheidet zwischen natürlichen und künstlichen Lichtquellen. Finde je drei Beispiele und trage sie in die Tabelle ein.

Natürliche Lichtquelle	Künstliche Lichtquelle

2 Herr Meier dunkelt den Physikraum ab, macht eine Taschenlampe an und leuchtet mit dieser an die Wand. Die Schüler sehen nun eine helle Stelle an der Wand. „Nicht gerade spannend", denkt sich Max. Doch dann nimmt Herr Meier den Tafelschwamm und klopft den Kreidestaub heraus. Erneut macht er die Taschenlampe an. Was beobachten Max und seine Klassenkameraden nun? Kannst du das auch erklären?

3 Für einen Lichtstrahl zeichnet man einen geraden Pfeil, der die Ausbreitungsrichtung des Lichtes angibt. Zeichne den Weg des Lichtes so, dass Moritz den Würfel sehen kann. Schreibe auch einen kurzen Text, wie das Sehen funktioniert.

Lichtstrahl II

1 **Ergänze die Lichtbündel und den Lichtstrahl in der folgenden Zeichnung. Beschrifte die Zeichnung ausführlich.**

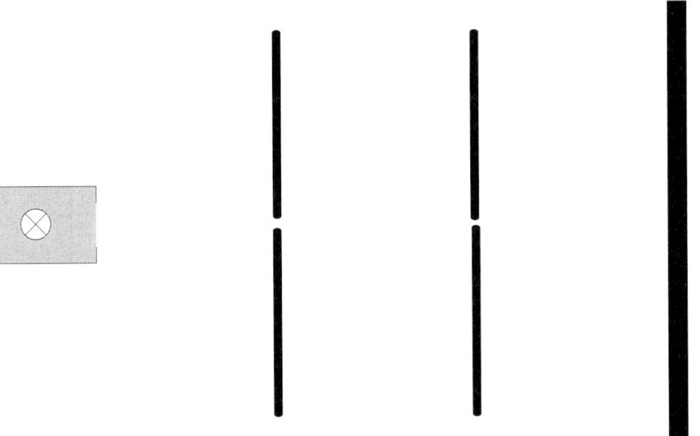

2 **Beschreibe das folgende Foto in ein paar Sätzen. Beantworte unter anderem, warum man überhaupt die Lichtstrahlen und Lichtbündel sehen kann und welche Funktion die Blätter dabei haben.**

3 **Fülle den Lückentext aus.**

Mond (2 ×), Sonne (2 ×), Kerze, Glühwürmchen, weiße Wand, Glühlampe, selbstleuchtender, Lichtquelle

Der Mond ist kein ____________ Körper. Das Licht wird von der ________ erzeugt und vom ________ lediglich so reflektiert, dass es in unser Auge fällt. Andere Körper, die wie die ________ Licht selbst erzeugen, sind: brennende ________ und ____________ sowie die ____________. Eine ____________ reflektiert wie der ________ lediglich das Licht von der Sonne oder einer anderen ____________.

Lichtstrahl III

1 **Mit einer Taschenlampe, einer Pappe, einem Nagel und Kreidestaub kann man ein Lichtbündel sichtbar machen. Beschreibe einen Versuch und skizziere den Aufbau.**

2 **Sonne, Mond, Glühlampe, Blitz, Laser. Welcher Begriff passt hier nicht in die Aufzählung? Begründe deine Entscheidung.**

3 **Um von der Sonne zur Erde zu gelangen, benötigt das Licht 8 Minuten und 20 Sekunden. Berechne mit Hilfe der Lichtgeschwindigkeit (300 000 km/s) die Entfernung von der Sonne zur Erde.**

Schatten – Einstieg

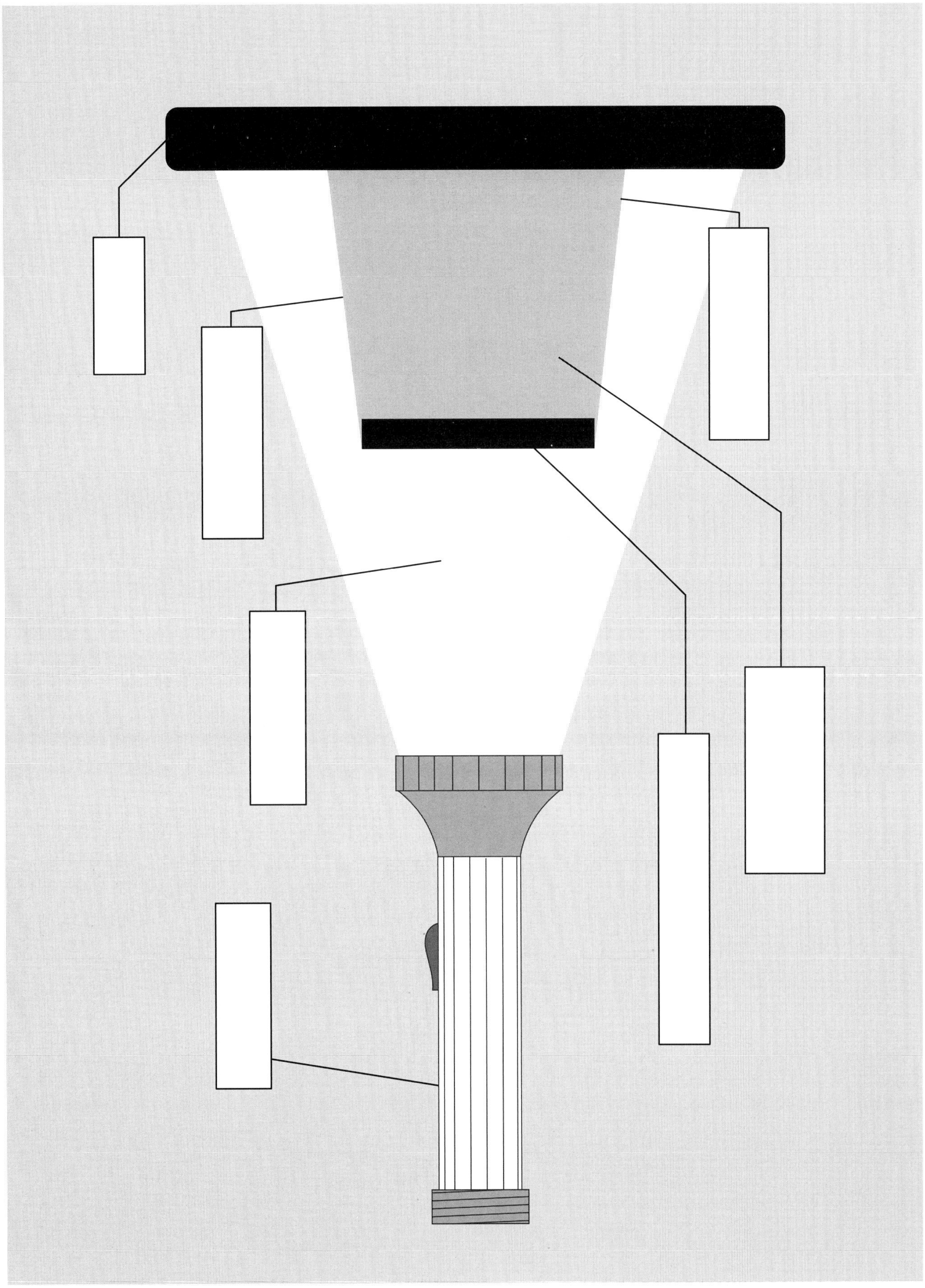

Schatten I

1 **Ergänze in der Zeichnung den Schattenraum und beschrifte die Zeichnung ausführlich.**

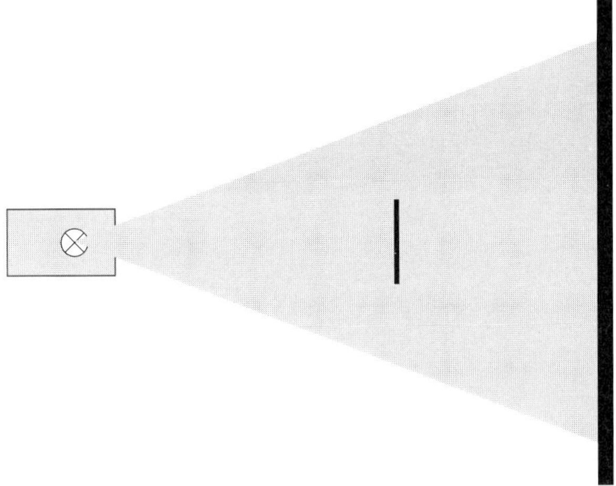

2 **Fülle den Lückentext aus.**

lichtundurchlässigen Körper, Schatten (2 ×), Schattenraum, Sonnenlicht, Randstrahlen

Ein ______________ entsteht, wenn Licht auf einen ____________________________

___________ trifft. Der ______ wird durch die ____________________

begrenzt.

Wenn im Sommer das _________________ um die Mittagszeit auf das Dach eines Carports

trifft, bleibt das Auto im ______________ des Daches angenehm kühl.

3 **Zeichne alle Schattenräume in die folgende Zeichnung ein, ausgehend von der Lichtquelle in der Mitte.**

Schatten II

1 **Mit einer Lampe wird ein Schattenbild einer Person auf einer Wand erzeugt. Kreuze die richtigen Aussagen an.**

- ☐ Je weiter die Person von der Wand entfernt ist, desto größer ist das Schattenbild.
- ☐ Je weiter die Person von der Wand entfernt ist, desto schärfer ist das Schattenbild.
- ☐ Je näher die Person an der Wand ist, desto schärfer ist das Schattenbild.
- ☐ Das Schattenbild ist immer kleiner als die Person selbst.
- ☐ Das Schattenbild zeigt die Farbe des Pullovers der Person.

2 **Ein 2 cm breiter Gegenstand wird von einer punktförmigen Lichtquelle beleuchtet. Diese Lichtquelle befindet sich 3 cm vom Gegenstand entfernt. In einer Entfernung von 5 cm steht ein Schirm. Wie groß ist das dort entstehende Schattenbild? Löse die Aufgabe mit einer Zeichnung. Beschrifte diese vollständig.**

Lichtquelle

G = 2 cm

3 **Ist es bei uns in Deutschland Tag, so ist es gerade Nacht in Australien. Erkläre.**

Schatten III

1 Annas Bruder meint: „Der Schatten hängt immer von der Kleidung ab. Helle Kleidung macht helle Schatten und dunkle Kleidung macht dunkle Schatten." Was meinst du dazu? Erläutere.

2 Vor allem in kleineren Stadien hat jeder Spieler bei abendlichen Fußballspielen mehrere (meist vier) Schatten. Erkläre diese Erscheinung.
Tipp: Auf solchen Sportplätzen gibt es meist vier Flutlichtmasten.

3 Als es noch keine Uhren gab, nutzten die Menschen lediglich einen in den Boden gesteckten Stab, um die Zeit anzuzeigen. Später gab es richtige Sonnenuhren. Beschreibe, wie eine solche Sonnenuhr funktioniert, und nenne Vor- und Nachteile dieser Zeitmessung.

Kernschatten – Einstieg

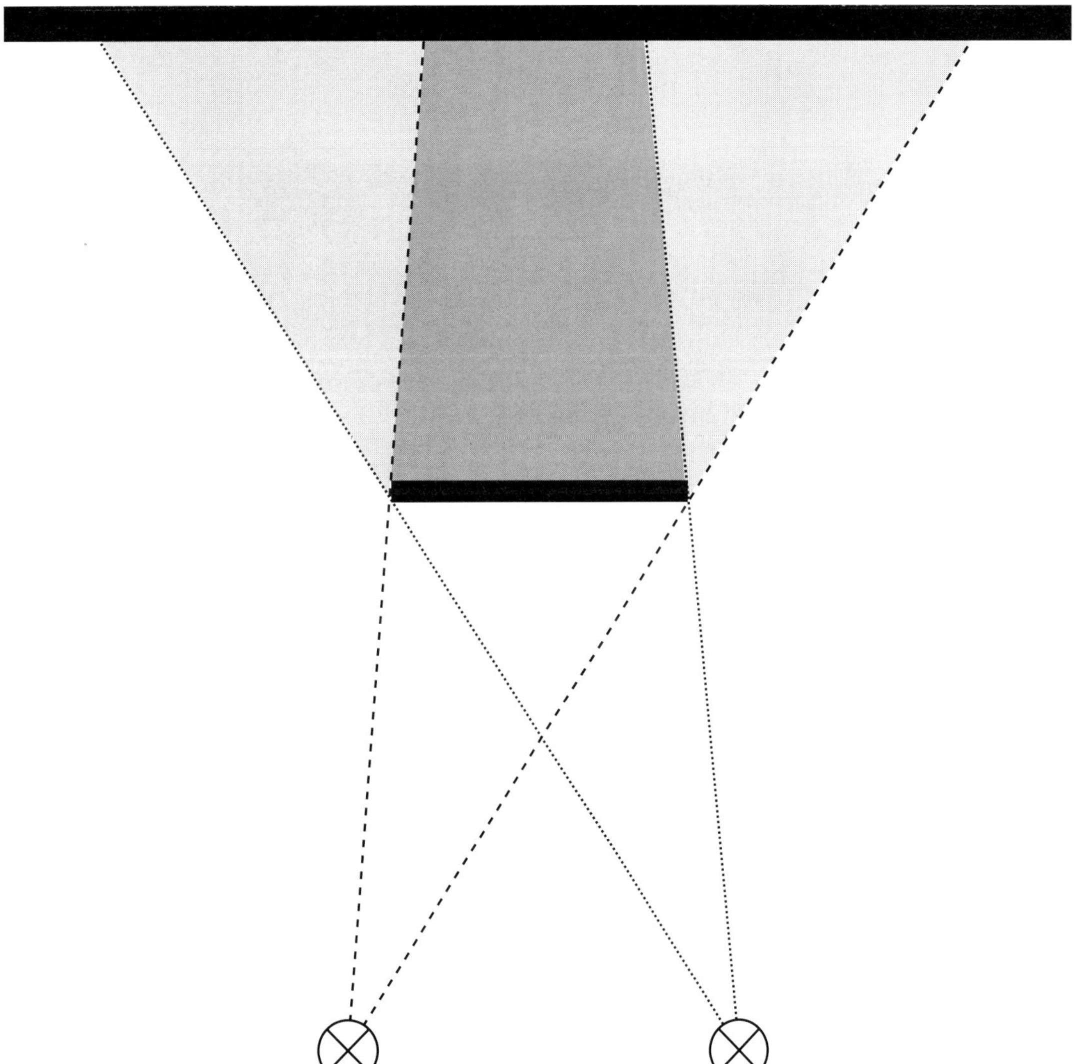

Kernschatten

Kernschatten I

1 **Mit zwei Lichtquellen wird das Schattenbild eines Gegenstandes untersucht. Fülle die Lücken aus.**

rücken, voneinander getrennte, Halbschatten, Kernschatten, dunkleren, zusammen, überlappen

Sind die Lichtquellen sehr weit voneinander entfernt, entstehen zwei ______________________

______________ Schattenräume und Schattenbilder. Diese nennt man ______________________.

Verringert man den Abstand der Lichtquellen, so ____________ die Schattenbilder

______________, bis sie sich sogar ________________. Den ________________ Bereich

des Schattenbildes nennt man ____________________.

2 **Welche besondere Erscheinung ist hier zeichnerisch dargestellt? Schreibe auch einen kurzen Text, der dies erklärt.**

____

____

____

____

3 **Kreuze an.**

	wahr	falsch
Wenn die Himmelskörper auf einer Linie in der Reihenfolge „Sonne, Erde, Mond" stehen, kann es zu einer Sonnenfinsternis kommen.	☐	☐
Wenn die Himmelskörper auf einer Linie in der Reihenfolge „Sonne, Erde, Mond" stehen, kann es zu einer Mondfinsternis kommen.	☐	☐
Wenn die Himmelskörper auf einer Linie in der Reihenfolge „Sonne, Mond, Erde" stehen, kann es zu einer Mondfinsternis kommen.	☐	☐

Kernschatten II

1 **Ergänze die Randstrahlen sowie die Schattenräume und beschrifte die Zeichnung ausführlich.**

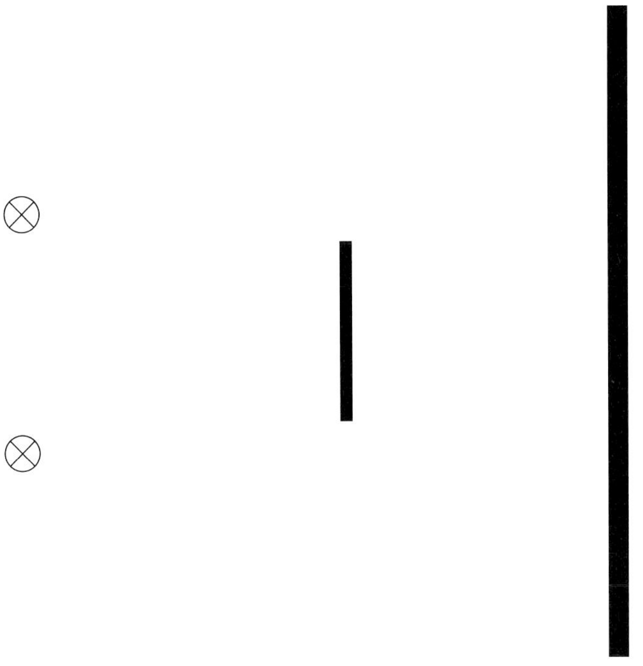

2 **Ergänze die Randstrahlen und die Schattenbereiche für eine Mondfinsternis. Beschrifte die Zeichnung ausführlich.**

3 **Zeichne die Anordnung der Sonne, der Erde und des Mondes bei einer Sonnenfinsternis. Beschrifte deine Zeichnung.**

Kernschatten III

1 **Wenn der Mond in den Kernschatten der Erde eintritt, kann es zu einer Mondfinsternis kommen. Warum entsteht jedoch nicht bei jedem Umlauf des Mondes um die Erde eine Mondfinsternis?**

2 **Beschreibe den Unterschied zwischen einer Sonnen- und einer Mondfinsternis.**

3 **Eine Sonnenfinsternis kann man jeweils nur von einem bestimmten Gebiet der Erde aus sehen. Erkläre. Fertige dazu auch eine Zeichnung an und beschrifte diese vollständig.**

Reflexionsgesetz

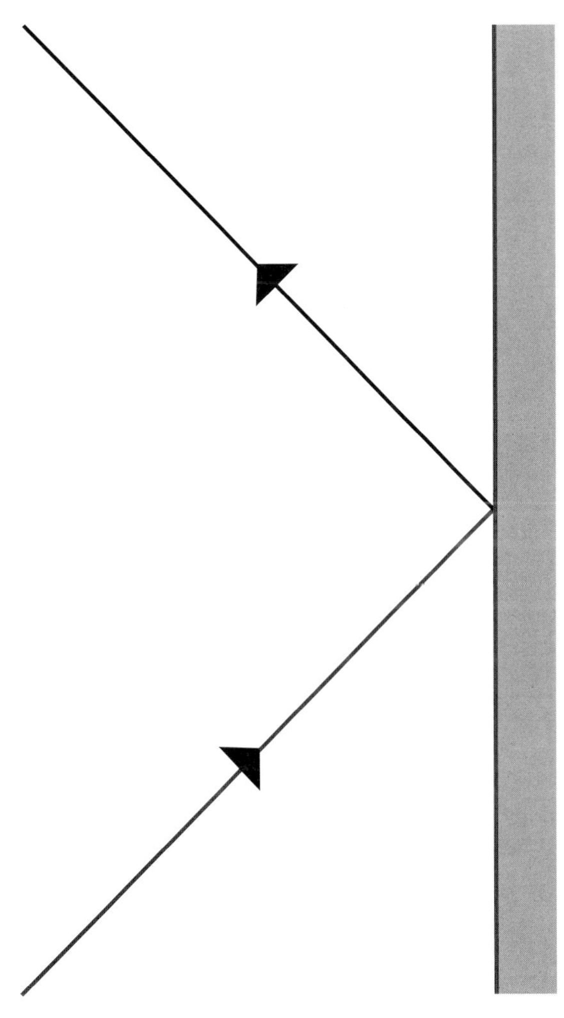

Reflexion I

1 **Wie lautet das Reflexionsgesetz?**

____

____

____

2 **Ein Lichtstrahl trifft auf einen Spiegel. Welcher der abgebildeten Lichtstrahlen zeigt den reflektierten Lichtstrahl?** ______

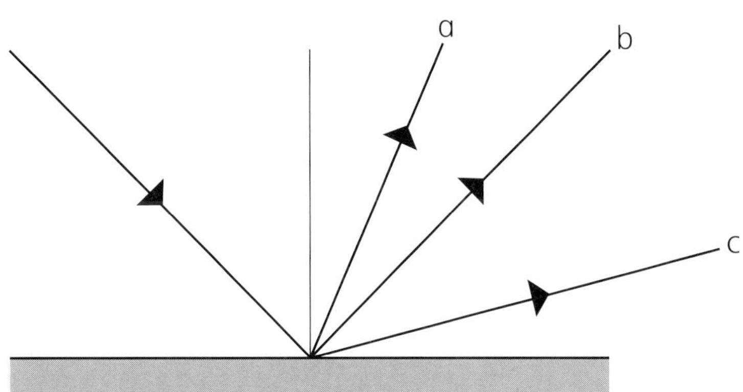

3 **Ein Lichtstrahl trifft mit einem Einfallswinkel von 60° auf einen Spiegel. Zeichne den einfallenden und den reflektierten Lichtstrahl und beschrifte vollständig.**

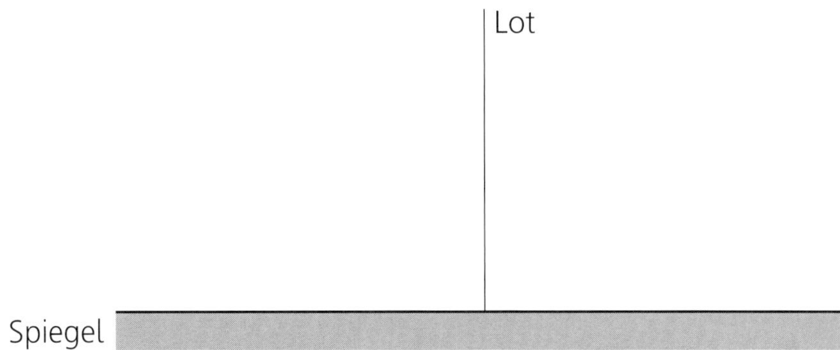

4 **Nenne drei Einsatzgebiete im Straßenverkehr, bei denen die Reflexion von Licht zur Sicherheit beiträgt.**

____

____

____

Reflexion II

1 **Ergänze das Lot und den reflektierten Strahl und beschrifte die Zeichnung ausführlich:**

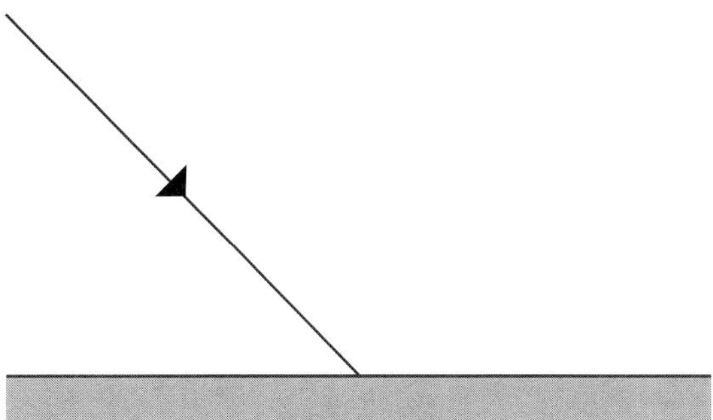

2 **Bestimme die Einfalls- und Reflexionswinkel:**

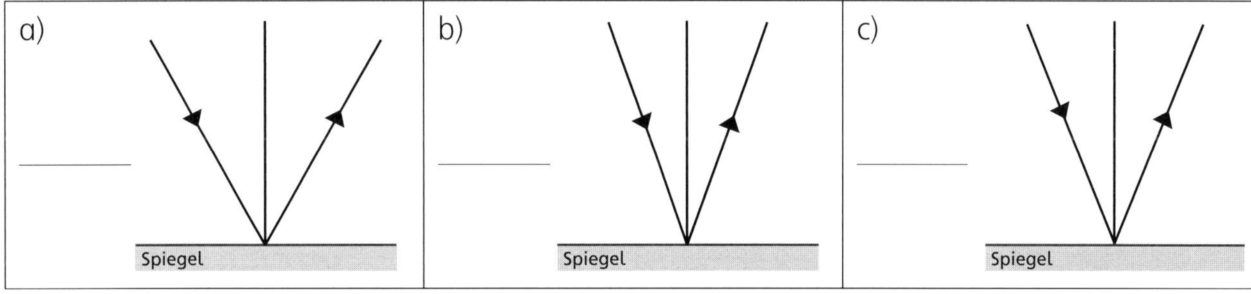

3 **Zeichne den Weg des Lichtstrahls. Welchen Punkt A, B, C, D oder E trifft der reflektierte Strahl?**

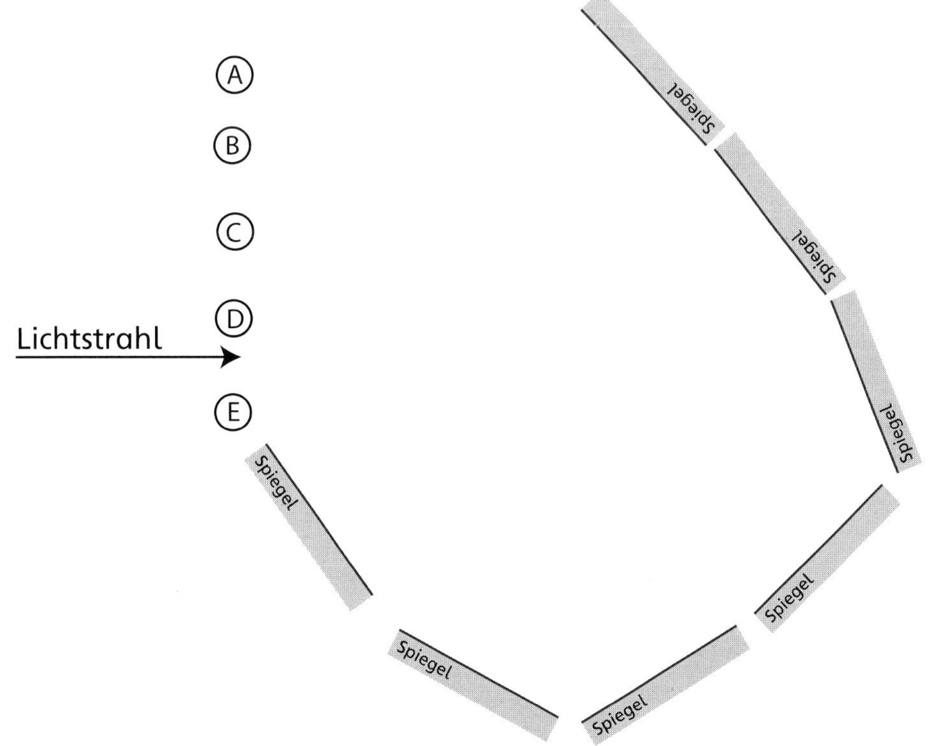

4 **Bestimme in Aufgabe 3 alle Einfalls- und Reflexionswinkel.**

Reflexion III

1 a) **Konstruiere das Spiegelbild der Kerze.**

b) **Welche Eigenschaften hat das Spiegelbild?**

2 **Wie groß muss der Einfallswinkel sein, damit einfallender und reflektierter Lichtstrahl senkrecht aufeinander stehen? Erkläre.**

3 **In den Kisten befinden sich ein oder mehrere Spiegel. Zeichne eine mögliche Lage. Tipp: Ergänze die Lichtstrahlen.**

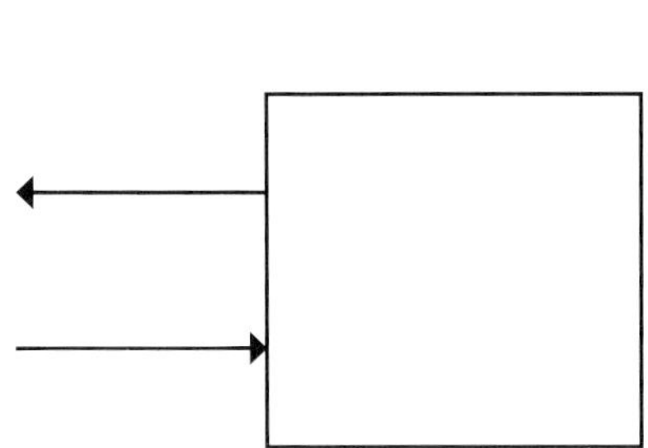

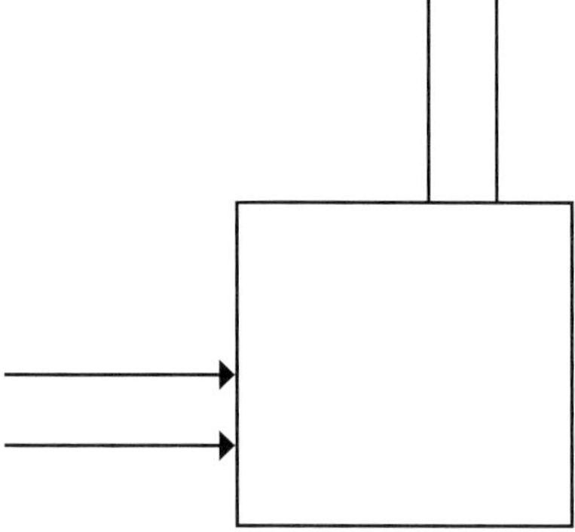

Brechung

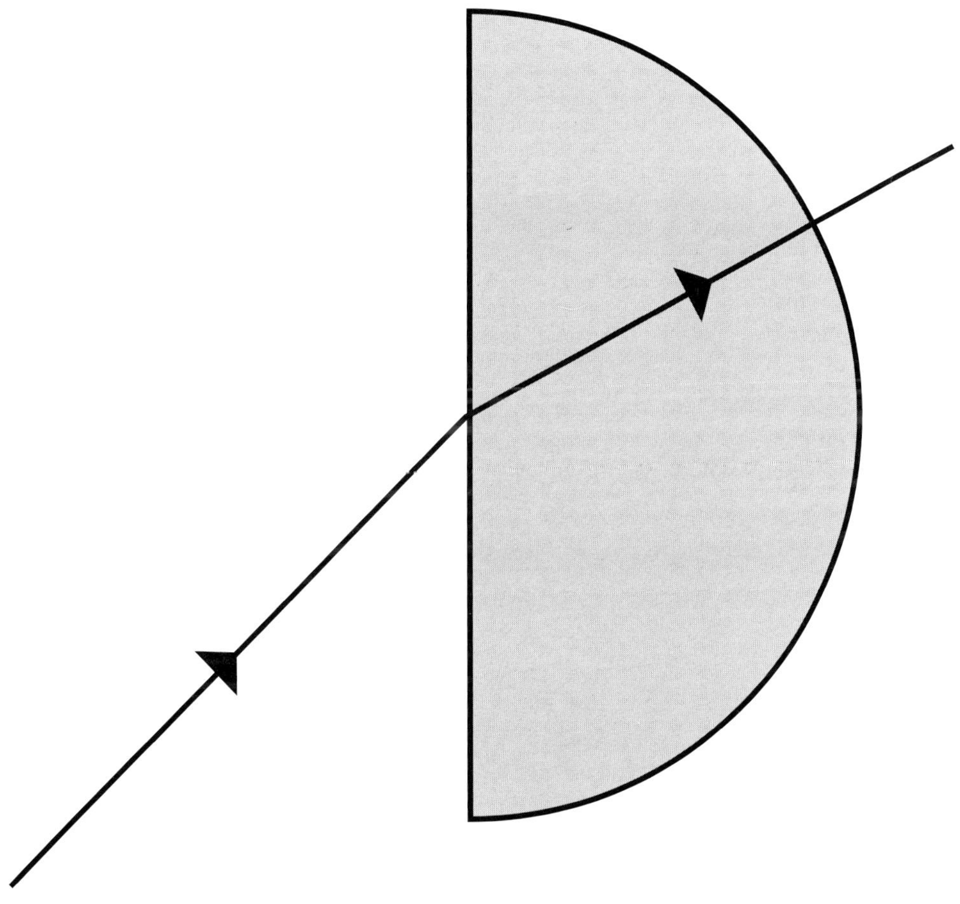

Brechung I

1 **Fülle die Lücken aus.**

Münze, Münze, schießt, Stelle, Licht, Knick, Grenzfläche, Rohr, Fisch, gebrochen, Brechung, Richtung

Peilt man mit einem __________ eine im Wasser liegende __________ an, als würde man einen __________ fangen wollen, so „__________“ man mit einem Stab vorbei – obwohl man doch die __________ durch das Rohr hindurch sieht. Doch man sieht die Münze nicht an der __________, an der sie sich tatsächlich befindet. Das __________ wird beim Auftreffen auf die Wasseroberfläche __________. Es macht einen „__________“, d. h. es ändert seine __________. In der Physik bezeichnet man dies als __________ des Lichts an einer __________.

2 **Beschrifte die Zeichnung vollständig.**

3 **Die plötzlich sichtbare Münze – Gedankenexperiment**

Man legt eine Münze auf den Boden einer Kaffeetasse und stellt die Tasse genau so vor sich, dass man die Münze gerade nicht mehr sieht. Anschließend füllt man die Tasse mit Wasser. Beschreibe und erkläre, was dann passiert.
Du kannst diesen Versuch auch zu Hause selbst nachstellen.

____

____

____

____

____

____

Brechung II

1 **Ergänze das Lot und den gebrochenen Strahl und beschrifte die Zeichnung ausführlich.**

Der Einfallswinkel beträgt 30° und der Brechungswinkel beträgt 20° (Glas).

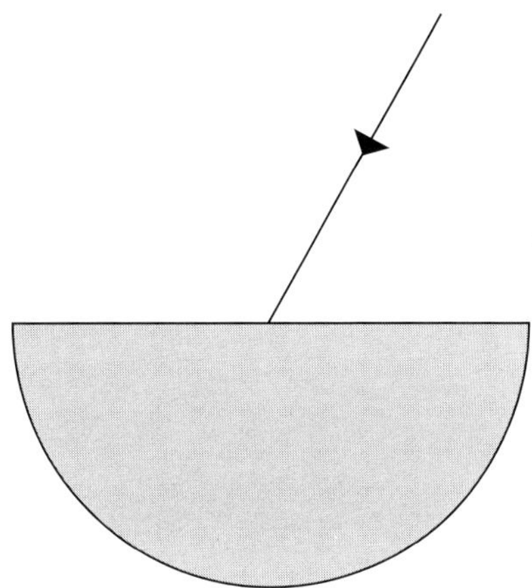

2 **Fällt ein Lichtstrahl auf eine Wasseroberfläche, so wird ein Teil des Lichtes gebrochen.**

a) Zeichne das Lot und die fehlenden Strahlen in die Zeichnung ein. Die notwendigen Daten findest du in der nebenstehenden Tabelle.

Einfallswinkel	Brechungswinkel
20°	15°
28°	21°
40°	29°
50°	35°
60°	41°

b) Welche Punkte (A bis G) werden von dem linken und dem mittleren Lichtstrahl getroffen?

c) Von welchem Punkt (x, y oder z) kam der gebrochene Lichtstrahl ganz rechts?

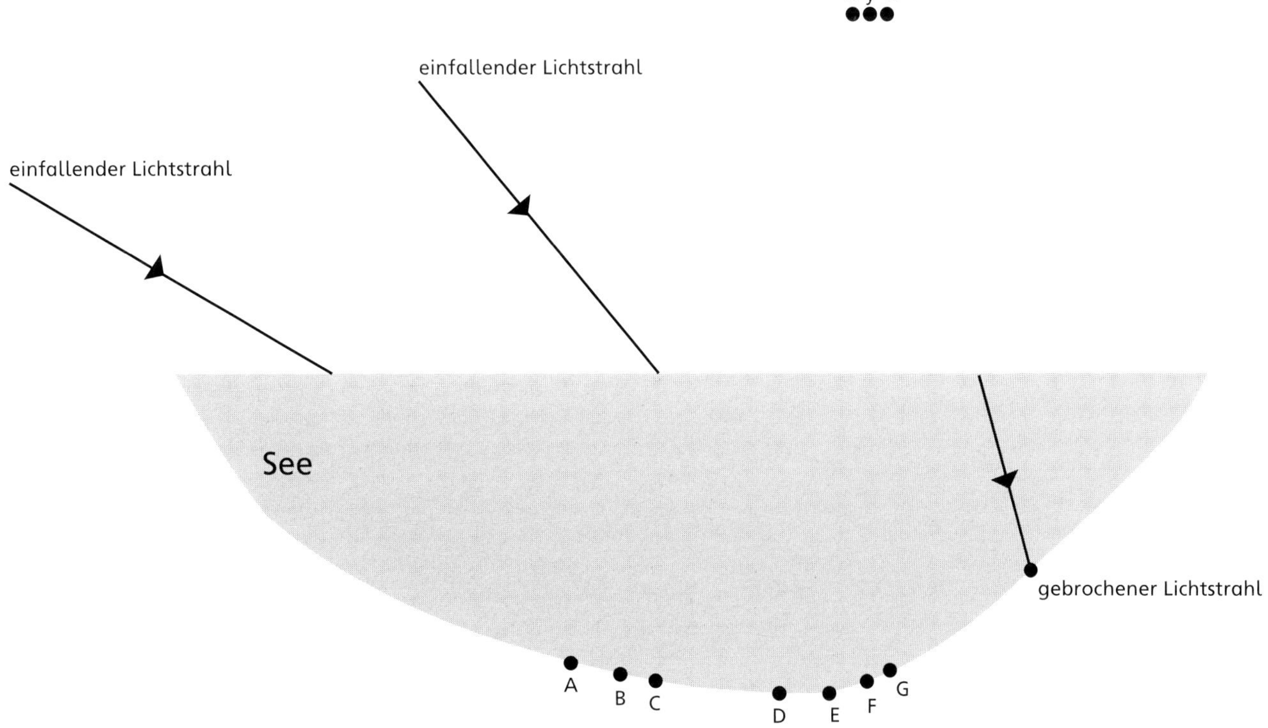

Brechung III

1 **Skizziere Lichtstrahlen beim Übergang von einem optisch dünneren in ein optisch dichteres Medium. Beschreibe, was passiert.**

Grenzfläche

2 **Auf eine Glasplatte fällt von schräg oben ein Lichtstrahl. Welchen der vier gezeichneten Wege nimmt das Licht durch die Platte?**

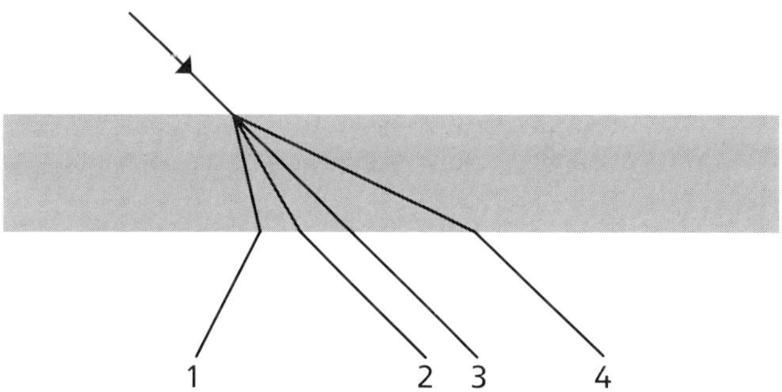

3 **Licht trifft unter einem Winkel von 50° auf die Grenzfläche Luft – Glas. Der Brechungswinkel beträgt 35°. Zeichne genau und beschrifte vollständig.**

Grenzfläche

Grenzwinkel – Einstieg

Brechung

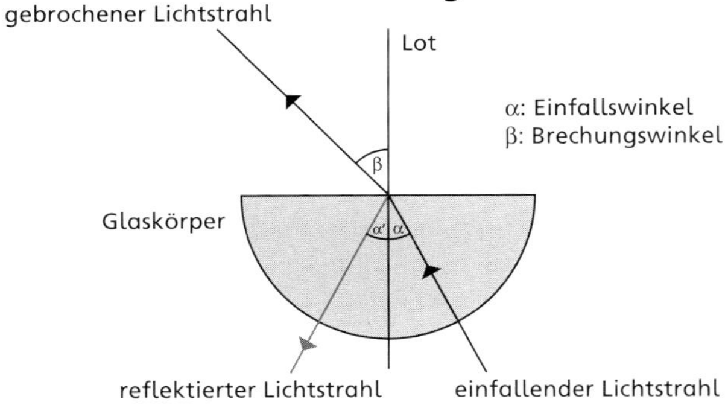

gebrochener Lichtstrahl
Lot
α: Einfallswinkel
β: Brechungswinkel
Glaskörper
reflektierter Lichtstrahl
einfallender Lichtstrahl

- Auch bei der Brechung wird ein Teil des Lichtes reflektiert.
- Wird der Einfallswinkel größer, wird mehr Licht reflektiert.
- Ab einem bestimmten Winkel wird das ganze Licht reflektiert.
- Diesen Winkel nennt man **Grenzwinkel**.
- Der Grenzwinkel hängt vom Material ab.
- Für Wasser beträgt der Grenzwinkel 49° und für Plexiglas 42°.
- Darstellung der Daten im Balkendiagramm:

Grenzwinkel I

1 **Folgende Grenzwinkel wurden für die jeweiligen Materialien gemessen.**

Material	Wasser	Plexiglas	Kronglas	Flintglas	Diamant	Alkohol
Grenzwinkel	49°	42°	42°	38°	24°	48°

Stelle die Daten aus der Tabelle in einem Balkendiagramm dar.

2 **Verschiedene Materialien brechen das Licht verschieden stark. Zum Beispiel wird ein Lichtstrahl mit einem Einfallswinkel von 30° beim Übergang von Luft nach Wasser um 8° gebrochen (Brechungswinkel 22°). Beim Übergang von Luft in einen Diamanten würde der gleiche Lichtstrahl um 18° gebrochen (Brechungswinkel = 12°). Ein Maß für die Brechkraft ist die Brechzahl:**

Material	Eis	Wasser	Quarzglas	Benzol	Plexiglas	Diamant
Brechzahl	1,31	1,33	1,46	1,49	1,5	2,42

Stelle die Daten aus der Tabelle in einem Balkendiagramm dar.

Grenzwinkel II

1 **Beschreibe die Zeichnung mit deinen eigenen Worten.**

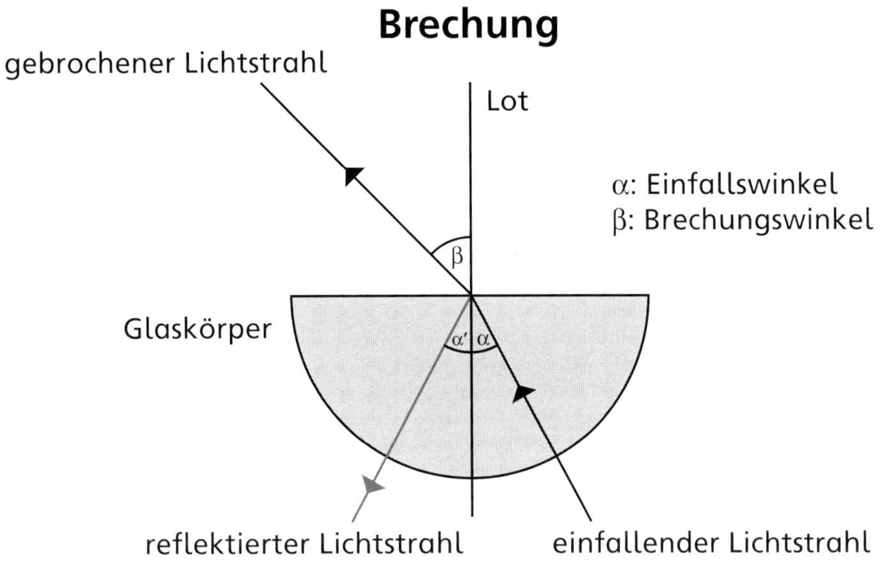

Brechung

gebrochener Lichtstrahl

Lot

α: Einfallswinkel
β: Brechungswinkel

β

Glaskörper

α' α

reflektierter Lichtstrahl

einfallender Lichtstrahl

2 **Was passiert, wenn der Einfallswinkel größer wird als der Grenzwinkel?**

3 **Nenne mindestens drei Anwendungen der Totalreflexion im Alltag.**

4 **Die Totalreflexion ist nur beim Lichtübergang vom optisch dichteren in ein optisch dünneres Medium möglich. Nenne drei Medien, die optisch dichter sind als Luft.**

Grenzwinkel III

1 **Zeichne den vollständigen Strahlenverlauf bei der Reflexion und Brechung des Lichts an der Grenzfläche Luft – Wasser, d. h. der Lichtstrahl kommt aus der Luft und trifft auf Wasser. Beschrifte deine Zeichnung vollständig.**

Grenzfläche

2 **Warum ist keine Totalreflexion beim Lichtübergang von Luft nach Wasser, also von einem optisch dünneren in ein optisch dichteres Medium, möglich?**

3 **Reflektoren am Fahrrad sind im Straßenverkehr sehr wichtig. Beschreibe und erläutere den Aufbau eines Reflektors.**

Schall – Einstieg

Schallquellen sind ___________________________________.

Sie lassen Töne entstehen, wenn ____________________.

Man unterscheidet zwischen folgenden **Schallarten**:

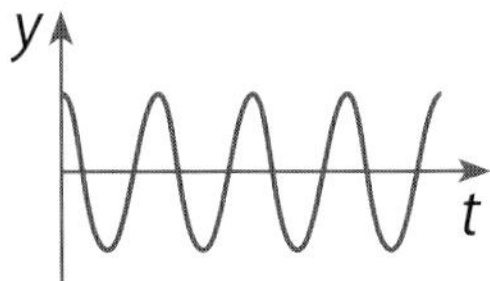

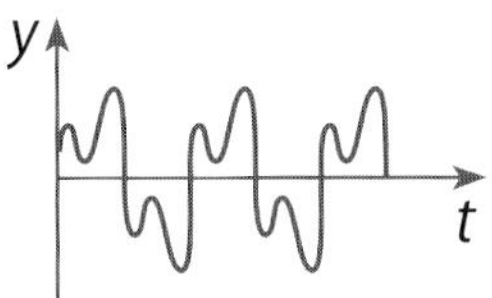

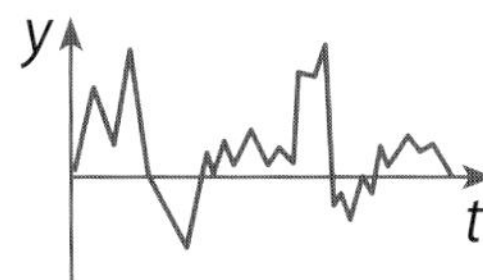

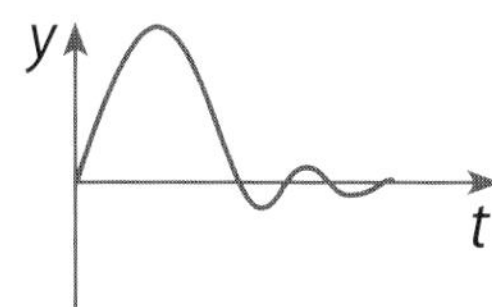

________________ ________________ ________________ ________________

Frequenz und Amplitude

Die ______________ gibt die Zahl der Schwingungen in einer Sekunde an.

Der größte Ausschlag einer Schwingung heißt ______________.

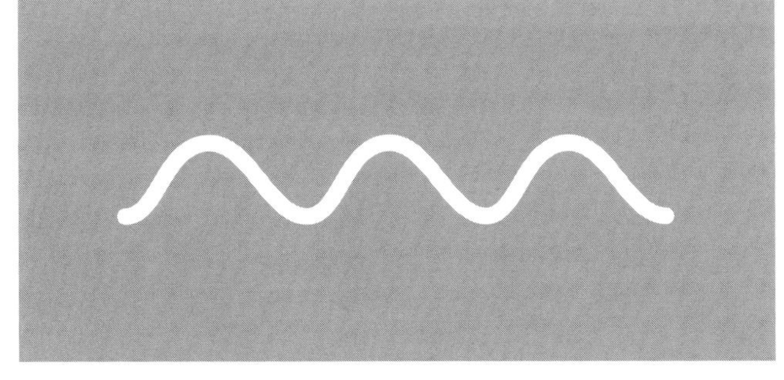

____

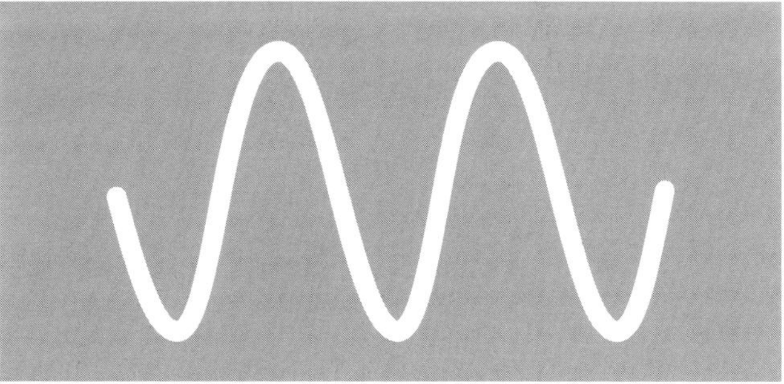

____

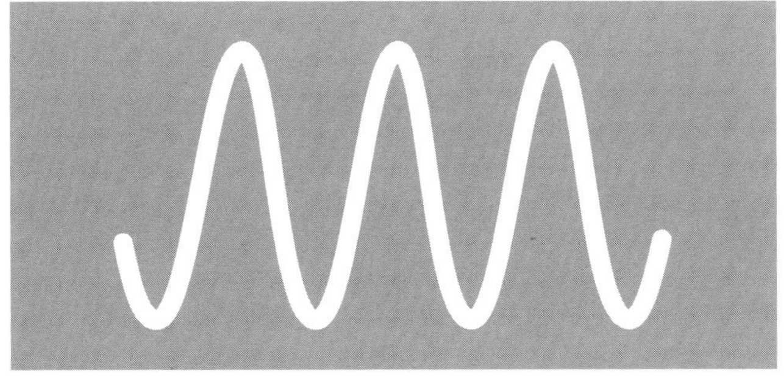

____

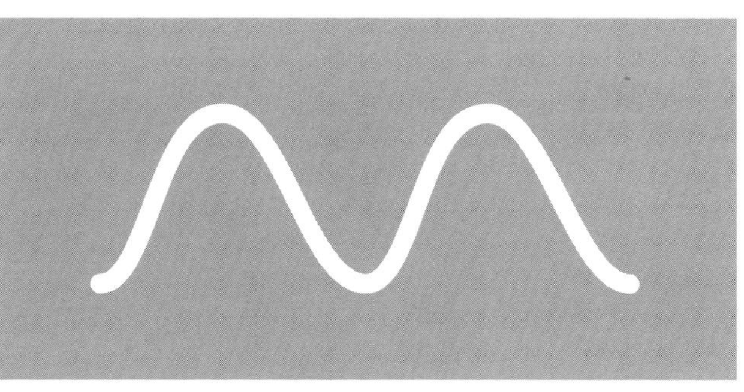

____

Schall I

1 **Nenne mindestens vier verschiedene Schallquellen.**

2 **Welche Schallarten gibt es?**

3 **Mit einem Lineal lassen sich verschieden hohe und unterschiedlich laute Töne erzeugen. Beschreibe.**

4 **Erläutere die Begriffe Frequenz und Amplitude.**

Schall II

1 **Wie können Töne erzeugt werden?**

2 **Mit einer Stimmgabel kann eine Schwingung sichtbar gemacht werden. Beschreibe einen Versuch.**

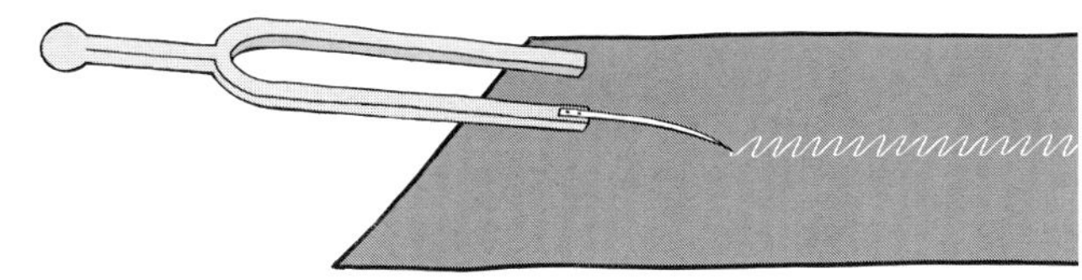

3 **Was wurde mit dem Oszilloskop aufgezeichnet? Erläutere das Schwingungsbild.**

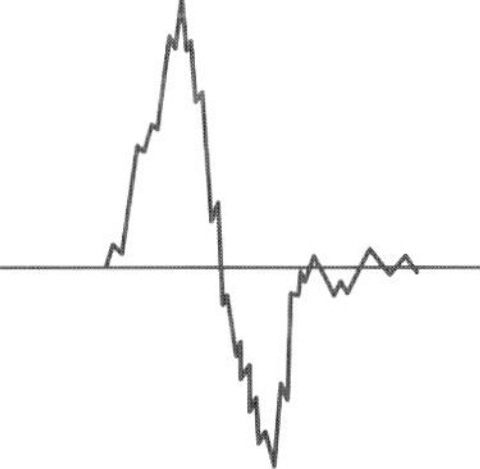

4 **Was gibt die Frequenz an? Erläutere mithilfe der Aufzeichnung des Oszilloskops.**

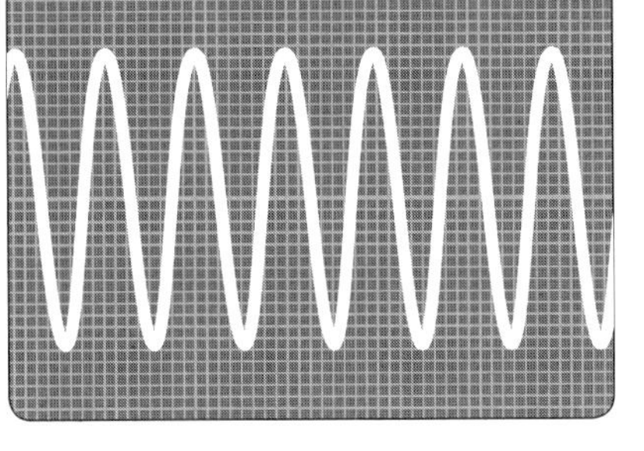

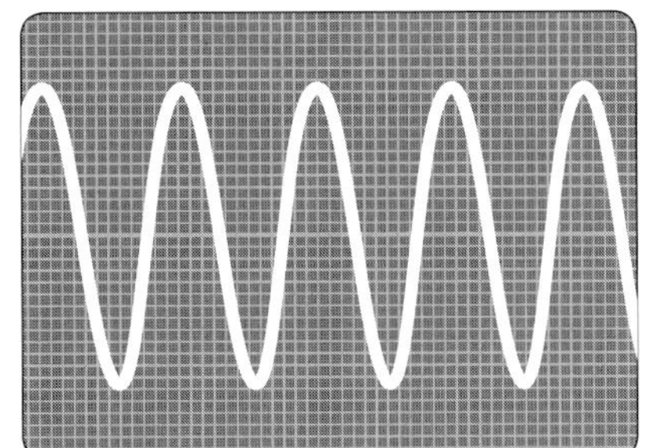

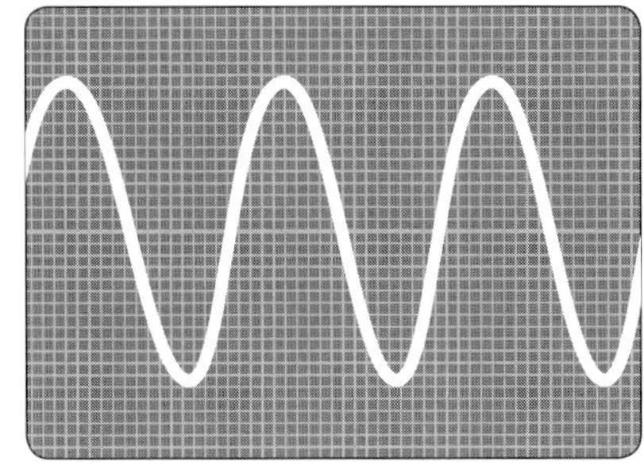

Schall III

1 **Was haben eine Stimmgabel und der Mensch gemeinsam?**

2 **Was bedeutet es, wenn auf einer Stimmgabel 256 Hz bzw. 512 Hz steht?**

3 **Eine Fliege, Wespe oder Hummel hört man fliegen. Warum aber hört man den Schmetterling nicht?**

4 **Mit einem Oszilloskop werden ein lauter und ein leiser Ton aufgezeichnet. Worin unterscheiden sich die Schwingungsbilder? Zeichne und erläutere.**

Schallausbreitung – Einstieg

Versuchsaufbau:

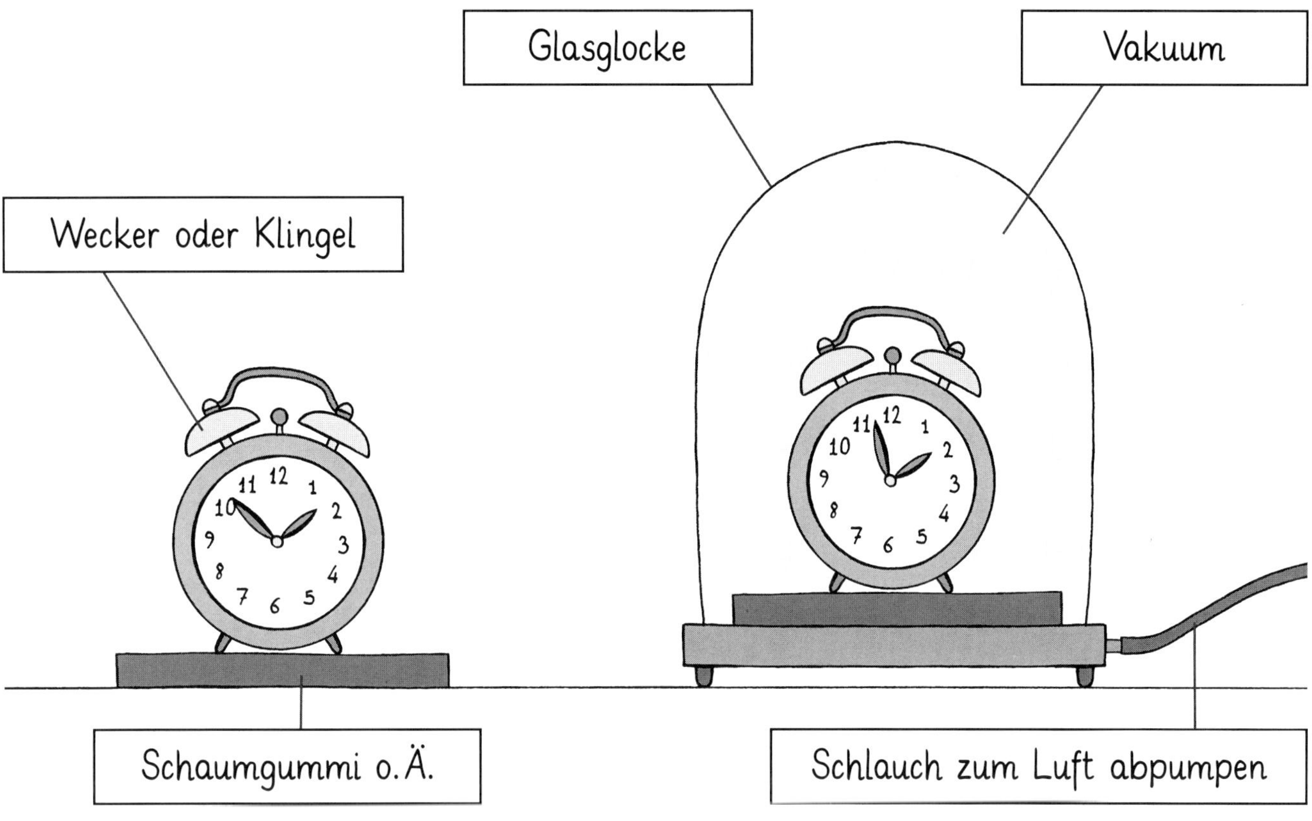

Versuchsbeschreibung:

____

____

____

Versuchsbeobachtung:

____

____

____

Versuchsergebnis:

____

Schallausbreitung I

1 **Wahr oder falsch? Kreuze an.**

	wahr	falsch
Schall breitet sich in Luft aus.	☐	☐
Die Schallausbreitung ist schneller als die Lichtausbreitung.	☐	☐
Es gibt nur feste Schallträger.	☐	☐

2 **Nenne mindestens drei Stoffe, in denen sich Schall ausbreiten kann.**

____

____

3 **Weiche, lockere Stoffe wie ein Tafelschwamm, Watte oder Filz leiten den Schall besonders**

☐ gut weiter.

☐ schlecht weiter.

☐ schnell weiter.

4 **Bei einem Gewitter zählt Steffi, nachdem sie den Blitz gesehen hat, die Sekunden bis zum Donner. Warum?**

____

____

____

____

Schallausbreitung II

1 **Fülle die Lücken aus. Verwende dazu folgende Wörter:**

Schall, schneller, Schallträger, Sekunde, feste, Luft, Wasser, flüssige, Eisen

Zur Ausbreitung braucht der Schall einen ______________. Es gibt zum Beispiel ________ und ____________ Schallträger. Auch ________ ist ein Schallträger. Der __________ legt hier in einer ______________ etwa 340 m zurück. In ___________ oder ________ breitet sich der Schall deutlich ______________ aus.

2 **Bei einem Gewitter hört man den Donner vier Sekunden nach dem Blitz. Wie weit ist das Gewitter entfernt?**

____

____

____

3 **Hanna und Louise basteln ein Fadentelefon. Was benötigen die beiden dazu und worauf müssen sie beim „Telefonieren" achten? Fertige auch eine Skizze an.**

____

____

____

____

____

____

____

Schallausbreitung III

1 **Beschreibe mit eigenen Worten die Ausbreitung von Schall. Verwende dazu folgende Begriffe: Schallträger, Luft, Verdichtungen, Verdünnungen, Schallwelle**

2 **Alina und Silas haben sich ein Fadentelefon gebaut. „Irgendwie funktioniert das nicht“, meint Alina. Hilf den beiden und erkläre, was der Fehler ist.**

3 **a) Recherchiere die Schallgeschwindigkeiten in unterschiedlichen Stoffen und fülle die Tabelle aus.**

Stoff	Schallgeschwindigkeit
Luft	
Wasser	
Eisen	
Gummi	
Kork	
Glas	

b) Warum breitet sich der Schall in unterschiedlichen Stoffen so unterschiedlich schnell aus?

Masse, Volumen, Dichte – Einstieg

Masse

Formelzeichen:

Einheiten:

Bestimmung mit:

Volumen

Formelzeichen:

Einheiten:

Berechnung bei regelmäßigen Körpern, z. B. Quader:

Bestimmung bei unregelmäßigen Körpern, z. B. Stein:

Dichte

Formelzeichen:

Einheiten:

Berechnung:

Masse, Volumen, Dichte I

1 **Nenne die vier üblichen Masseeinheiten. Welcher Zusammenhang besteht zwischen ihnen?**

____

____

2 **Welche Gegenstände und Maßeinheiten gehören zusammen? Verbinde mit einem Pfeil.**

3 g	5 t	20 g	1 kg	24 kg

3 **Berechne das Volumen einer Schachtel mit a = 4 cm, b = 2,5 cm und c = 6. Gib das Ergebnis auch in mm³ an.**

4 **Fülle die Lücken aus. Verwende folgende Wörter:**

Dichte, Masse, Volumen, Dichte, ortsunabhängig, Raum, Volumen, Masse

Jeder Körper besitzt eine ____________. Sie ist überall gleich. Man sagt sie ist ____________________. Das Volumen gibt an, wie viel ____________ der Körper einnimmt. Aus der ____________ und dem ______________ des Körpers kann man seine ____________ berechnen. Metalle haben eine größere ____________ als Luft.

Masse, Volumen, Dichte II

1 **Rechne in die angegebenen Masseeinheiten um.**

a) 3000 kg = ______ t b) 350 g = ________ kg c) 60 mg = ________ g

d) 0,5 t = ________ kg e) 7700 kg = _______ t

2 **a) Wie kann man das Volumen einer Schachtel berechnen?**

____

b) Worauf muss man dabei achten?

____

____

3 **Wie bestimmt man das Volumen eines unregelmäßigen Körper wie eines Steines oder einer Kartoffel?**

____

____

____

____

____

____

____

____

4 **a) Fülle aus. Dichte = ______________________, kurz als Formel: ____________**

b) Berechne die Dichte eines Würfels mit einer Kantenlänge von 2 cm und einer Masse von 11,2 g. Aus welchem Material besteht der Würfel?

Material	Dichte in
Wasser	0,998
Kohle	1,4
Eisen	7,86
Kupfer	8,93
Gold	19,3

Masse, Volumen, Dichte III

1 **Welche Massen gehören zusammen? Verbinde mit einem Pfeil.**

7 000 g	777 g
7,7 kg	0,070 g
0,777 kg	7 kg
7,7 t	7 g
70 mg	7 700 g
7 000 mg	7 700 kg

2 **Was kann mit der Überlaufmethode oder der Differenzmethode bestimmt werden? Erläutere den Unterschied zwischen den Methoden.**

3 **Welche Kantenlänge hat ein Eisenwürfel mit einem Gewicht von 62,88 g? Die Dichte von Eisen beträgt 7,86 $\frac{g}{cm^3}$.**

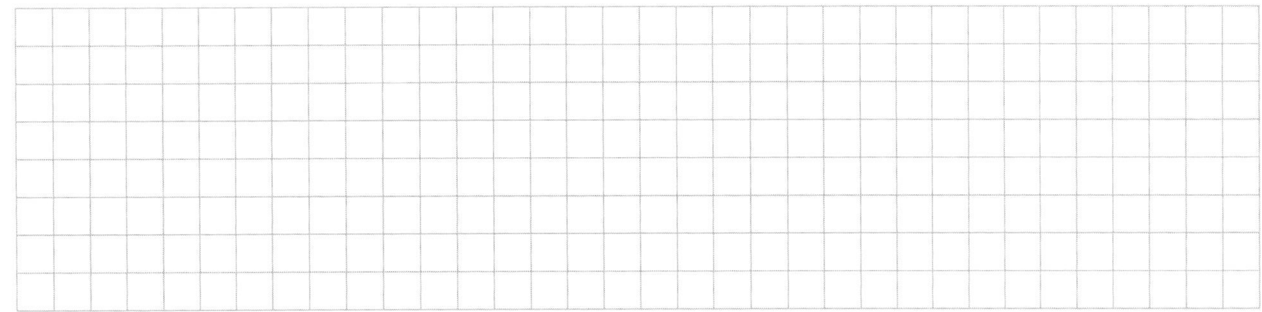

4 **Ein Kohlewürfel und ein Eisenwürfel haben das gleiche Volumen. Welcher der beiden Würfel hat die kleinere Masse? Begründe deine Antwort.**

Newton:

- ____________________
- ____________________
- ____________________
- ____________________
- ____________________
- ____________________
- ____________________
  ____
- ____________________
  ____

Kräfte erkennt man an ihren ____________.

Sie können einen Gegenstand dauerhaft oder vorübergehend ____________.

Sie können die ____________ eines Gegenstandes verändern.

Sie können die ____________ eines Gegenstandes erhöhen oder vermindern.

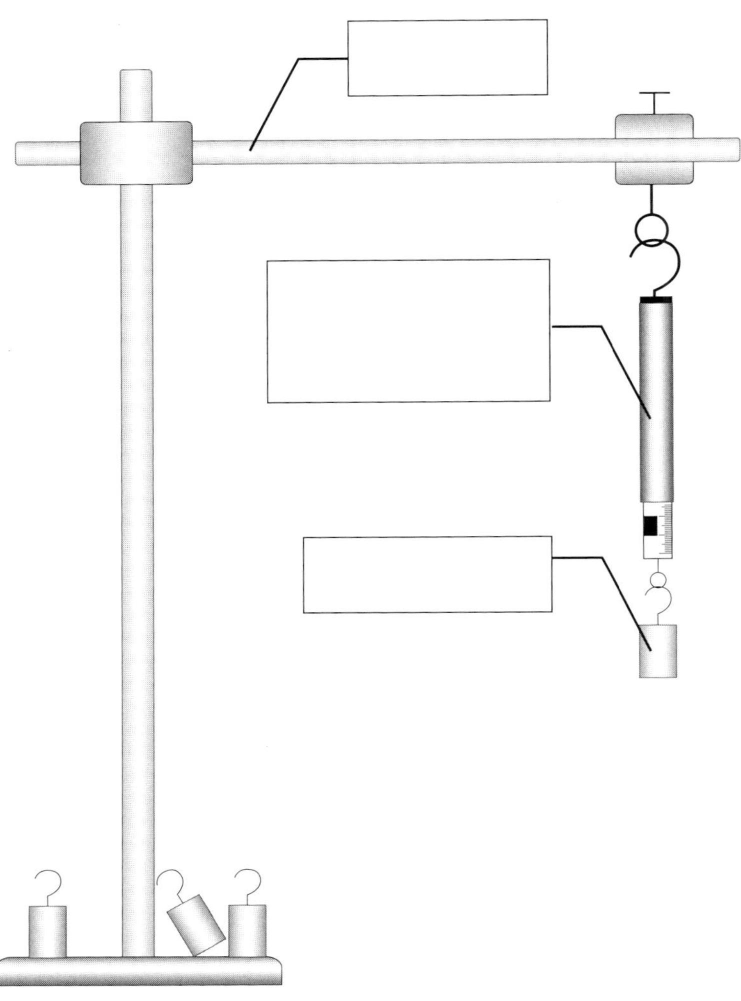

Newton I

1 **Bei welchen der angegebenen Kräfte handelt es sich um eine physikalische Kraft? Kreise ein.**

Sehkraft der Augen	elektrische Kraft	Reibungskraft
Überzeugungskraft	Zugkraft	Windkraft
magnetische Kraft	Erdanziehungskraft	Aushilfskraft

2 **Knete, ein Luftballon, Draht, ein Schwamm oder eine Feder können durch das Einwirken einer Kraft verformt werden. Was passiert, wenn keine Kraft mehr auf die genannten Körper einwirkt? Beschreibe.**

____

____

____

____

____

3 **Gib die Größe der Kräfte an. Es gilt: 1 cm entspricht 2 N.**

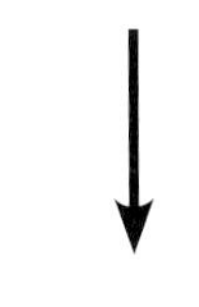

____________ ____________ ____________

4 **a) Berechne die Gewichtskräfte folgender Massen:**

3 kg ≙ ________ 28,5 kg ≙ ________ 600 g ≙ ________ 2 g ≙ ________

b) Berechne die zugehörigen Massen:

8 N ≙ ________ 55 N ≙ ________ 900 N ≙ ________ 5 kN ≙ ________

Newton II

1 **Wandle in die angegebene Einheit um.**

1 200 N	0,02 N	23 452 mN	0,0003 kN	0,0003 kN	55 000 mN
kN	mN	N	N	mN	kN

2 **Ordne den Aussagen die passende Kraftangabe zu (100 mN, 1 N, 0,5 kN).**

Die Kraft, die man benötigt, um eine Tafel Schokolade (100 g) auf der Erde hochzuheben.	
Die Kraft, die man benötigt, um einen Sack Zement (50 kg) auf der Erde hochzuheben.	
Die Kraft, die ein Astronaut auf dem Mond benötigt, um eine 60 g schweres Werkzeug hochzuheben.	

3 **Zeichne die Kraftpfeile für 10 N, 60 N und 25 N. Wähle einen geeigneten Maßstab und gib diesen an.**

Maßstab: ____________

4 **Welche Masse hat ein Astronaut mit einer Gewichtskraft von 1155 N auf der Erde? Welche Masse hat er auf dem Mond? Begründe deine Antwort.**

5 **Erläutere das Prinzip eines Federkraftmessers anhand der Zeichnung.**

Newton III

1 **Im Alltag gibt es viele Begriffe, die das Wort „Kraft" enthalten. Nicht immer handelt es sich dabei um eine physikalische Kraft. Nenne drei physikalische Kraftbegriffe und erläutere, woran man sie erkennt.**

2 **Skizziere Kraftpfeile zu folgenden Aussagen.**

a) Weil die Auftriebskraft größer ist als die Gewichtskraft, steigt ein Heißluftballon.

b) Bei einem Tauziehen besiegen Ida, Louise und Hanna die beiden Jungen Ben und Luca.

3 **Es gilt $g_{Erde} = 10\,\frac{N}{kg}$. Fülle die Tabelle aus.**

Masse m	20 kg	300 g	105 t		
Gewichtskraft F_G				50 N	11 000 N

4 **Kreuze alle richtigen Aussagen an.**

- ☐ Ein Körper mit einer Masse von 60 kg hat am Nordpol die gleiche Gewichtskraft wie auf dem Mond.
- ☐ Alle Körper haben auf der Erdoberfläche die gleiche Gewichtskraft.
- ☐ Die Gewichtskraft eines Körpers ist abhängig von der Masse und vom Ort.
- ☐ Die Masse eines Körpers ist unabhängig vom Ort, an dem sich der Körper befindet.
- ☐ Die Gewichtskraft zeigt immer zum Erdmittelpunkt.
- ☐ Ein Raumfahrer hat auf dem Mond eine geringere Masse als auf der Erde.
- ☐ Die Masse eines Körpers ist abhängig von der Gewichtskraft und vom Ort.

Hebel – Einstieg

Versuchsaufbau:

Hebelgesetz:

- Drehmoment links = ______________________
- Kraft mal Kraftarm = ______________________
- $F_1 \cdot a$ = ______________________

Beispiel

- Jedes Gewicht hat die Masse 50 g = 0,05 kg
- $F_G = m \cdot g$ = ______________________
- Der Hebel ist in 2 cm = 0,02 m eingeteilt
- ______________________
- ______________________

Hebel I

1 **Welchen Vorteil hat die Benutzung eines Hebels?**

2 **Es gibt einseitige und zweiseitige Hebel. Erläutere den Unterschied und nenne je ein Beispiel.**

3 **Wie lautet das Hebelgesetz?**

4 **Bestimme die jeweils fehlende Größe, sodass am Hebel Gleichgewicht herrscht.**

Kraft F_1	Kraftarm a	Last F_2	Lastarm b
120 N	0,8 m	16 N	
35 N		49 N	0,5 m
40 N	1,5 m		1,2 m
8 N	0,4 m	3,2 N	

Hebel II

1 **Auf einer Wippe stehen im Abstand von 2 m zwei Gewichte, die zusammen eine Gewichtskraft von 400 N auf die Wippe ausüben. Zeichne auf der linken Seite Gewichte so ein, dass die Wippe im Gleichgewicht ist. Finde vier verschiedene Lösungen.**

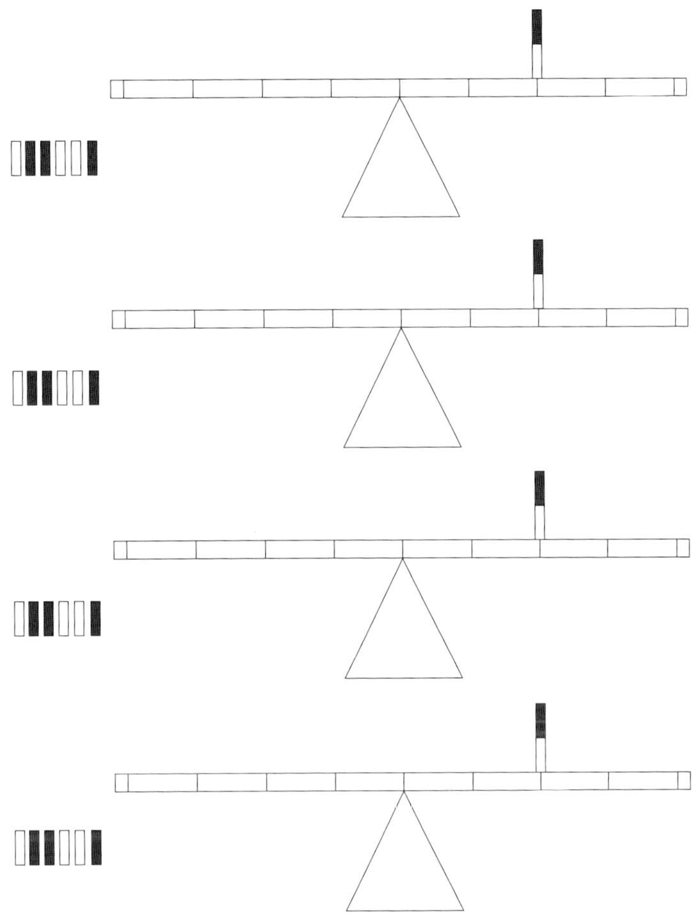

2 **Berechne die Drehmomente ($F_1 \cdot a = F_2 \cdot b$) für die gefundenen Lösungen.**

____

____

3 **Mit dem Hebel kann man Kraft sparen. Nenne mindestens vier Beispiele, bei denen das Hebelgesetz eine Rolle spielt:**

a) ____________________ b) ____________________

c) ____________________ d) ____________________

4 **Welche andere Vorrichtungen kennst du, um Kraft zu sparen? Nenne Beispiele.**

a) ____________________ Bsp.: ____________________

____

b) ____________________ Bsp.: ____________________

____

Hebel III

1 Ida (m = 36 kg) sitz auf einer Wippe 2 m vom Drehpunkt entfernt. Ihr Vater (m = 80 kg) kommt hinzu. Berechne, wo der Vater sitzen muss, damit die Wippe im Gleichgewicht ist.

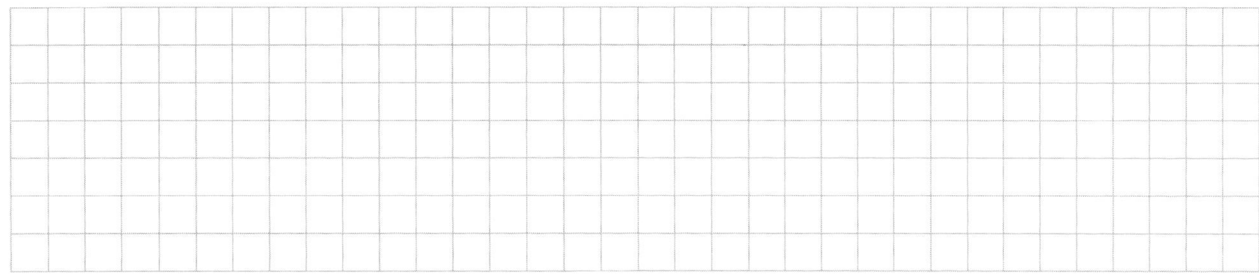

2 Skizziere die Aufgabe 1 und erläutere das Hebelgesetz mithilfe deiner Zeichnung.

3 Wenn eine Radmutter zu fest angezogen wurde, benutzt man zum Lösen ein Rohr. Erkläre den Vorteil, der dabei ausgenutzt wird.

4 An einem Hebel greifen drei Kräfte an. Bestimme die fehlende Größe und beschreibe dein Vorgehen

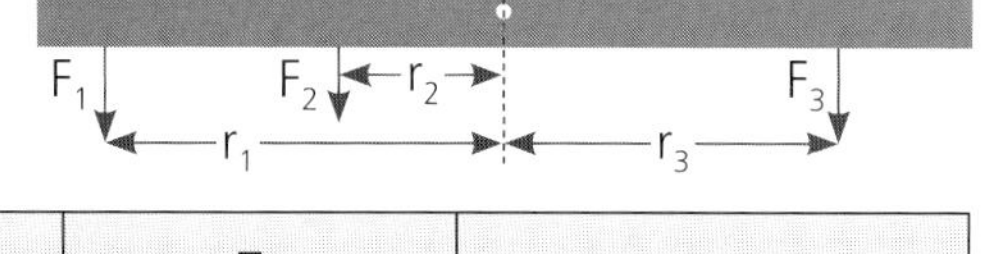

F_1	r_1	F_2	r_2	F_3	r_3
60 N	0,2 m	10 N	0,8 m		0,5 m

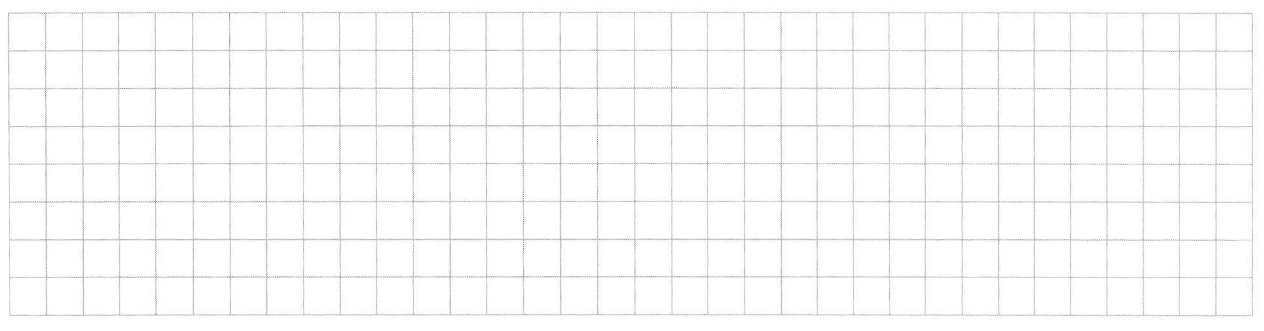

Lichtstrahl – Einstieg

Lichtbündel – Lichtstrahl

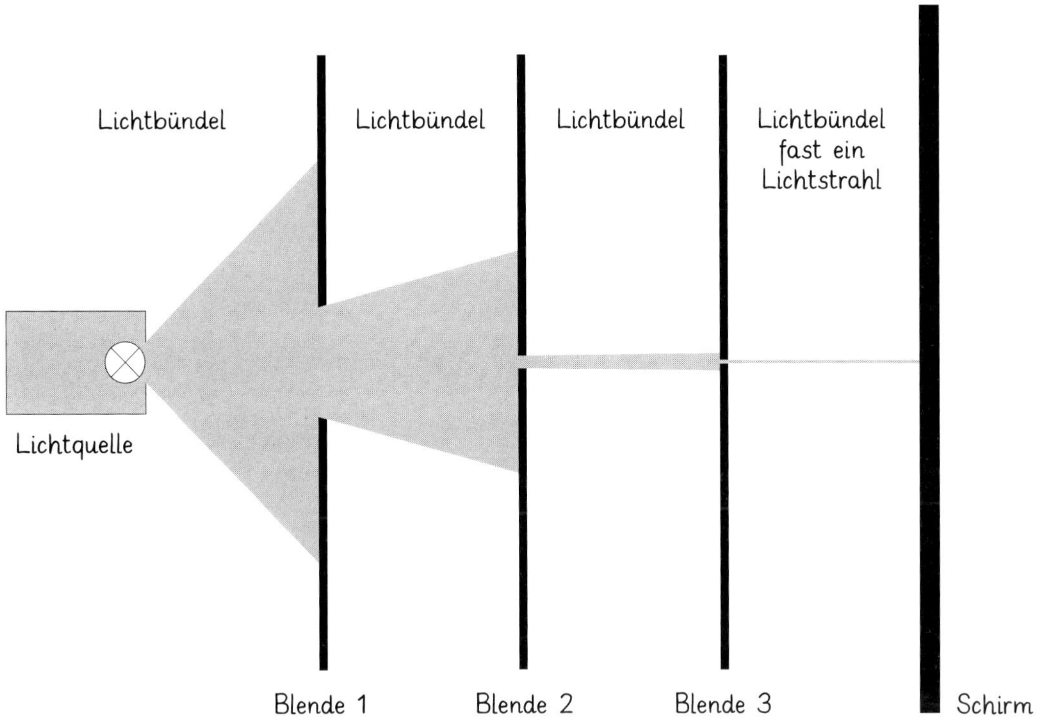

1

Lichtstrahl I

1 **Lichtquellen sind Körper, die von selbst Licht erzeugen. Man unterscheidet zwischen natürlichen und künstlichen Lichtquellen. Finde je drei Beispiele und trage sie in die Tabelle ein.**

Natürliche Lichtquelle	Künstliche Lichtquelle
z.B. Sonne	z.B. Glühlampe
Glühwürmchen	LED
Blitz, u.v.m.	Laser u.v.m.

2 **Herr Meier dunkelt den Physikraum ab, macht eine Taschenlampe an und leuchtet mit dieser an die Wand. Die Schüler sehen nun eine helle Stelle an der Wand. „Nicht gerade spannend", denkt sich Max. Doch dann nimmt Herr Meier den Tafelschwamm und klopft den Kreidestaub heraus. Erneut macht er die Taschenlampe an. Was beobachten Max und seine Klassenkameraden nun? Kannst du das auch erklären?**

Sobald Herr Meier den Kreidestaub aus dem Tafelschwamm herausklopft, sehen Max und seine Mitschüler den Lichtkegel. Befinden sich kleinste Staubteilchen in der Luft, so machen diese den Lichtkegel und Lichtstrahlen sichtbar, sie lenken das Licht in unser Auge.

3 **Für einen Lichtstrahl zeichnet man einen geraden Pfeil, der die Ausbreitungsrichtung des Lichtes angibt. Zeichne den Weg des Lichtes so, dass Moritz den Würfel sehen kann. Schreibe auch einen kurzen Text, wie das Sehen funktioniert.**

Trifft ein Lichtstrahl auf einen Gegenstand und wird ganz oder teilweise in unser Auge zurückgeworfen (reflektiert), so kann man den Gegenstand sehen.

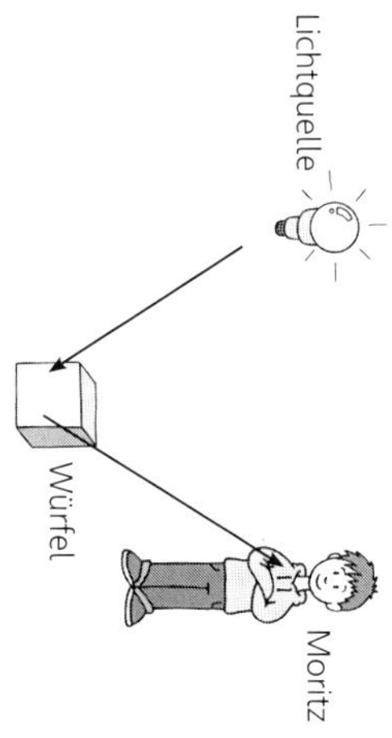

2

Lichtstrahl II

1 **Ergänze die Lichtbündel und den Lichtstrahl in der folgenden Zeichnung. Beschrifte die Zeichnung ausführlich.**

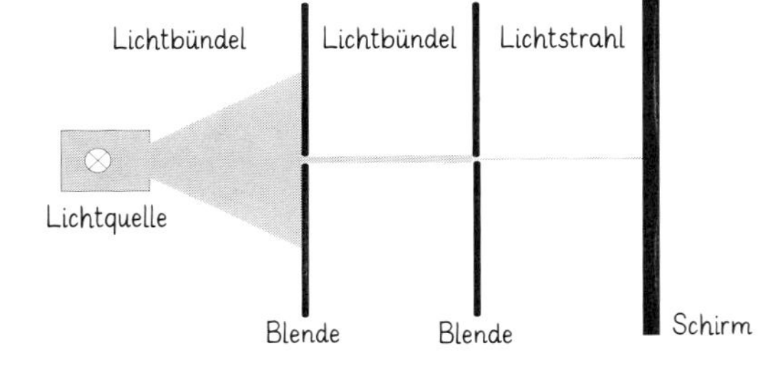

2 **Beschreibe das folgende Foto in ein paar Sätzen. Beantworte unter anderem, warum man überhaupt die Lichtstrahlen und Lichtbündel sehen kann und welche Funktion die Blätter dabei haben.**

An den Stellen, wo das Laub des Baumes nicht sehr dicht ist, finden an einzelnen Stellen die Sonnenstrahlen den Weg durch die Baumkrone. Damit diese wie auf dem Bild sichtbar werden, müssen sich Wassertröpfchen (oder Staub) in der Luft befinden. Diese lenken das Licht in unser Auge.

3 **Fülle den Lückentext aus.**

Mond (2 ×), Sonne (2 ×), Kerze, Glühwürmchen, weiße Wand, Glühlampe, selbstleuchtender, Lichtquelle

Der Mond ist kein selbstleuchtender Körper. Das Licht wird von der Sonne erzeugt und vom Mond lediglich so reflektiert, dass es in unser Auge fällt. Andere Körper, die wie die Sonne Licht selbst erzeugen, sind: brennende Kerze und Glühlampe sowie die Glühwürmchen. Eine weiße Wand reflektiert wie der Mond lediglich das Licht von der Sonne oder einer anderen Lichtquelle.

Carolin Schmidt/Hardy Seifert: Last Minute: Physik 7. Klasse
 3

Lichtstrahl III

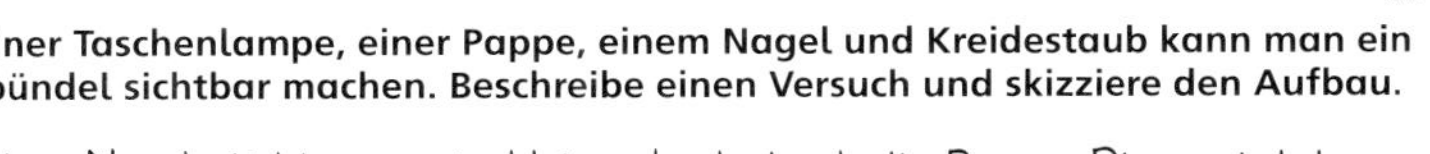

1 **Mit einer Taschenlampe, einer Pappe, einem Nagel und Kreidestaub kann man ein Lichtbündel sichtbar machen. Beschreibe einen Versuch und skizziere den Aufbau.**

Mit dem Nagel sticht man ein kleines Loch durch die Pappe. Diese wird dann als Blende benutzt. Mit der Taschenlampe leuchtet man auf die Pappe mit dem Loch auf eine Wand. Zunächst sieht man nur einen hellen Lichtfleck auf der Wand. Nun streut man den Kreidestaub hinter die Blende. Dieser macht das kegelförmige Lichtbündel sichtbar.

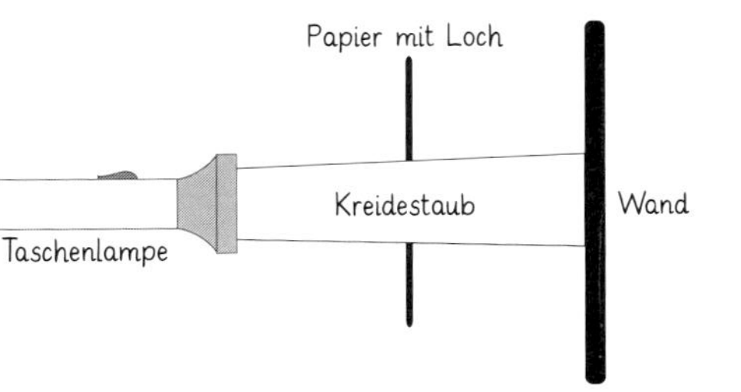

2 **Sonne, Mond, Glühlampe, Blitz, Laser. Welcher Begriff passt hier nicht in die Aufzählung? Begründe deine Entscheidung.**

Der Mond passt nicht in die Aufzählung, da dieser keine Lichtquelle, sondern ein beleuchteter Körper ist.

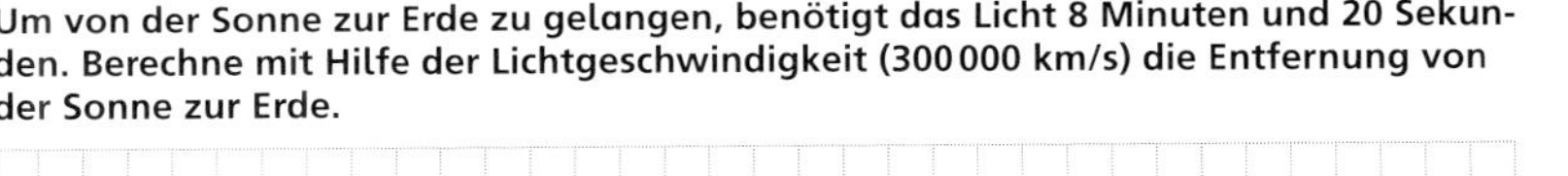

3 **Um von der Sonne zur Erde zu gelangen, benötigt das Licht 8 Minuten und 20 Sekunden. Berechne mit Hilfe der Lichtgeschwindigkeit (300 000 km/s) die Entfernung von der Sonne zur Erde.**

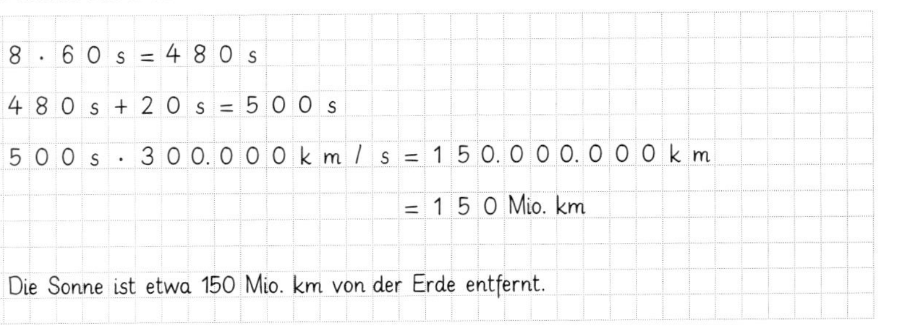

8 · 60 s = 480 s
480 s + 20 s = 500 s
500 s · 300.000 km/s = 150.000.000 km
= 150 Mio. km

Die Sonne ist etwa 150 Mio. km von der Erde entfernt.

Carolin Schmidt/Hardy Seifert: Last Minute: Physik 7. Klasse
 4

Lösungen

Schatten – Einstieg

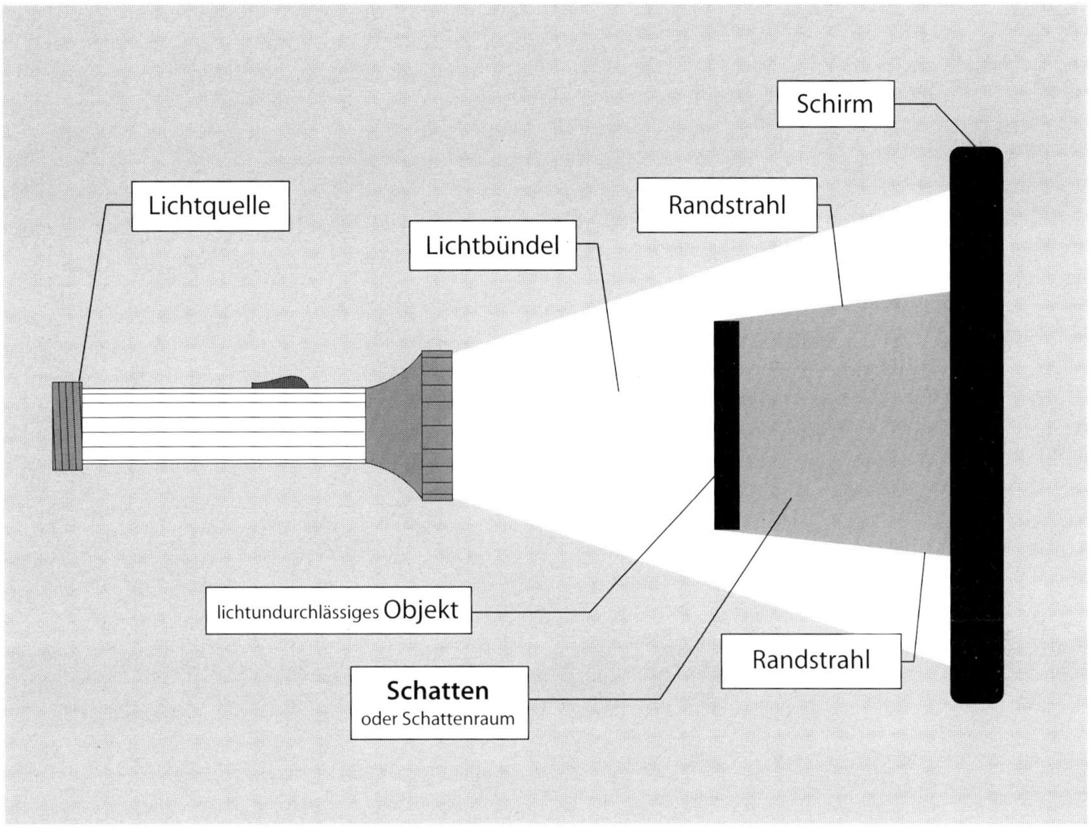

Schirm

Randstrahl

Lichtbündel

Lichtquelle

Randstrahl

lichtundurchlässiges Objekt

Schatten
oder Schattenraum

Schatten I

1 **Ergänze in der Zeichnung den Schattenraum und beschrifte die Zeichnung ausführlich.**

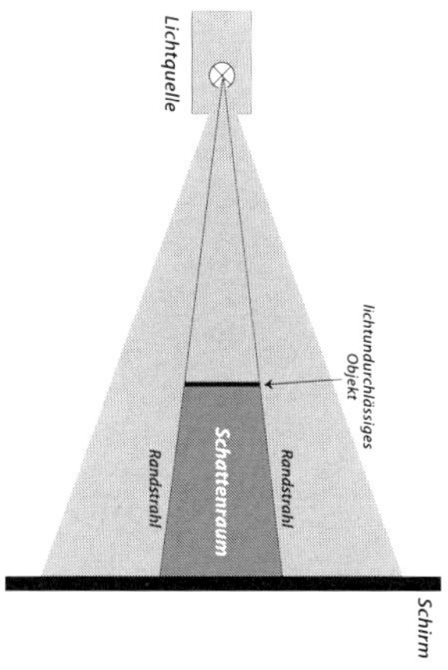

Schirm

lichtundurchlässiges Objekt

Randstrahl

Schattenraum

Randstrahl

Lichtquelle

2 **Fülle den Lückentext aus.**

lichtundurchlässigen Körper, Schatten (2 ×), Schattenraum, Sonnenlicht, Randstrahlen

Ein Schatten entsteht, wenn Licht auf einen lichtundurchlässigen Körper trifft. Der Schattenraum wird durch die Randstrahlen begrenzt.

Wenn im Sommer das Sonnenlicht um die Mittagszeit auf das Dach eines Carports trifft, bleibt das Auto im Schatten des Daches angenehm kühl.

3 **Zeichne alle Schattenräume in die folgende Zeichnung ein, ausgehend von der Lichtquelle in der Mitte.**

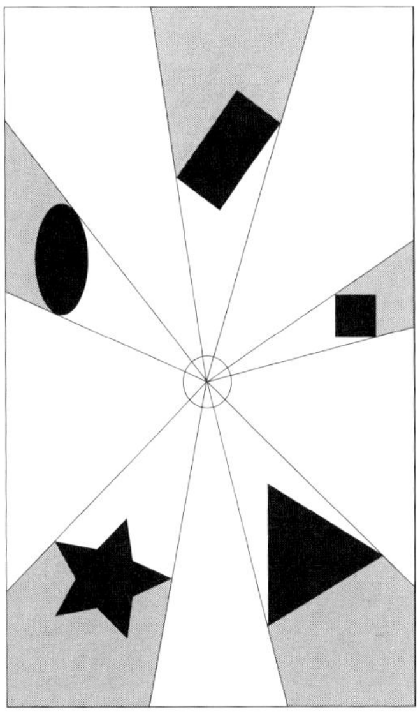

Schatten II

1 **Mit einer Lampe wird ein Schattenbild einer Person auf einer Wand erzeugt. Kreuze die richtigen Aussagen an.**

- [x] Je weiter die Person von der Wand entfernt ist, desto größer ist das Schattenbild.
- [ ] Je weiter die Person von der Wand entfernt ist, desto schärfer ist das Schattenbild.
- [x] Je näher die Person an der Wand ist, desto schärfer ist das Schattenbild.
- [ ] Das Schattenbild ist immer kleiner als die Person selbst.
- [ ] Das Schattenbild zeigt die Farbe des Pullovers der Person.

2 **Ein 2 cm breiter Gegenstand wird von einer punktförmigen Lichtquelle beleuchtet. Diese Lichtquelle befindet sich 3 cm vom Gegenstand entfernt. In einer Entfernung von 5 cm steht ein Schirm. Wie groß ist das dort entstehende Schattenbild? Löse die Aufgabe mit einer Zeichnung. Beschrifte diese vollständig.**

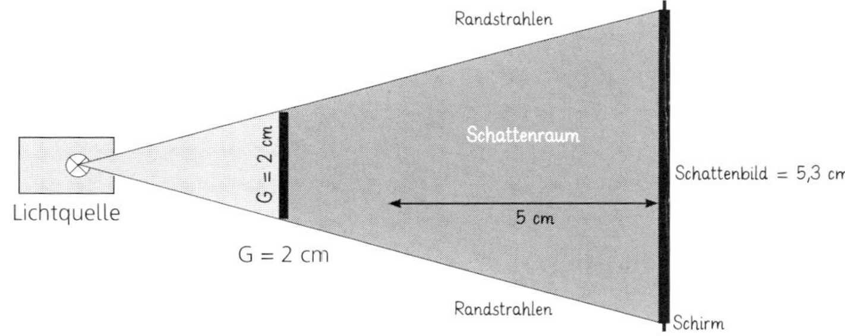

3 **Ist es bei uns in Deutschland Tag, so ist es gerade Nacht in Australien. Erkläre.**

Die Erde dreht sich um ihre eigene Ache und wird dabei von der Sonne immer zur Hälfte beleuchtet. Es ist Tag auf der Hälfte der Erde, die der Sonne zugewandt ist und Nacht auf der Hälfte der Erde, die der Sonne abgewandt ist. Da sich Deutschland und Australien auf der Erde gegenüberliegen, ist es bei uns also Nacht, während es in Australien gerade Tag ist und umgekehrt.

Schatten III

1 **Annas Bruder meint: „Der Schatten hängt immer von der Kleidung ab. Helle Kleidung macht helle Schatten und dunkle Kleidung macht dunkle Schatten." Was meinst du dazu? Erläutere.**

Der Schatten bzw. das Schattenbild ist unabhängig von der Farbe der Kleidung. Nur die Größe und die Form eines Gegenstandes beeinflussen das Schattenbild.

2 **Vor allem in kleineren Stadien hat jeder Spieler bei abendlichen Fußballspielen mehrere (meist vier) Schatten. Erkläre diese Erscheinung.**
Tipp: Auf solchen Sportplätzen gibt es meist vier Flutlichtmasten.

Jeder Spieler wird von vier Flutlichtmasten beleuchtet, sodass vier Schattenbilder entstehen. Diese sind meist unterschiedlich groß und verschieden hell. Weit entfernte Flutlichter erzeugen längere, aber hellere Schattenbilder.

3 **Als es noch keine Uhren gab, nutzten die Menschen lediglich einen in den Boden gesteckten Stab, um die Zeit anzuzeigen. Später gab es richtige Sonnenuhren. Beschreibe, wie eine solche Sonnenuhr funktioniert, und nenne Vor- und Nachteile dieser Zeitmessung.**

Bei Sonnenschein wirft ein in den Boden gesteckter Stab einen Schatten, welcher sich mit der Tageszeit ändert. Da die Sonne über den Himmel wandert, ändert der Schatten seine Richtung.

Vorteile: günstig; wenig Material

Nachteile: Abhängig vom Scheinen der Sonne, d.h. bei Dunkelheit funktionslos; Sommer- und Winterzeit nicht möglich; eher ungenaue Zeitangabe

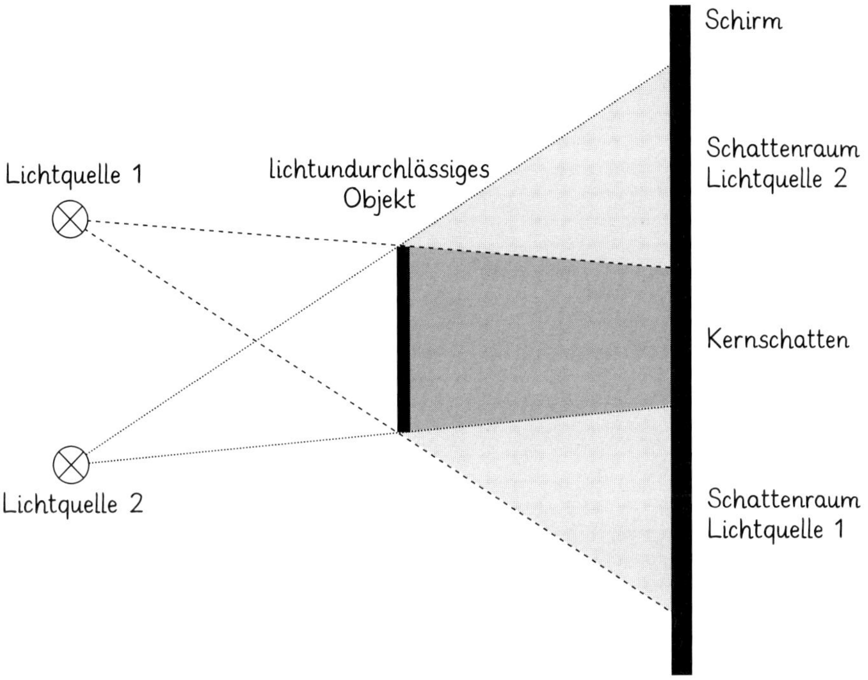

Kernschatten – Einstieg

Kernschatten

Schirm

Schattenraum Lichtquelle 2

Kernschatten

Schattenraum Lichtquelle 1

lichtundurchlässiges Objekt

Lichtquelle 1

Lichtquelle 2

Kernschatten I

1 **Mit zwei Lichtquellen wird das Schattenbild eines Gegenstandes untersucht. Fülle die Lücken aus.**

rücken, voneinander getrennte, Halbschatten, Kernschatten, dunkleren, zusammen, überlappen

Sind die Lichtquellen sehr weit voneinander entfernt, entstehen zwei voneinander getrennte Schattenräume und Schattenbilder. Diese nennt man Halbschatten. Verringert man den Abstand der Lichtquellen, so rücken die Schattenbilder zusammen, bis sie sich sogar überlappen. Den dunkleren Bereich des Schattenbildes nennt man Kernschatten.

2 **Welche besondere Erscheinung ist hier zeichnerisch dargestellt? Schreibe auch einen kurzen Text, der dies erklärt.**

Sonne

Mond

Erde

Die Abbildung zeigt eine Sonnenfinsternis. Sie kommt dadurch zustande, dass sich der Mond zwischen die Erde und die Sonne schiebt. Ein Teil der Erde befindet sich dann im Schattenraum des Mondes. Dort wird es tagsüber für kurze Zeit dunkel.

3 **Kreuze an.**

	wahr	falsch
Wenn die Himmelskörper auf einer Linie in der Reihenfolge „Sonne, Erde, Mond“ stehen, kann es zu einer Sonnenfinsternis kommen.	☐	✗
Wenn die Himmelskörper auf einer Linie in der Reihenfolge „Sonne, Erde, Mond“ stehen, kann es zu einer Mondfinsternis kommen.	✗	☐
Wenn die Himmelskörper auf einer Linie in der Reihenfolge „Sonne, Mond, Erde“ stehen, kann es zu einer Mondfinsternis kommen.	☐	✗

Kernschatten II

1 **Ergänze die Randstrahlen sowie die Schattenräume und beschrifte die Zeichnung ausführlich.**

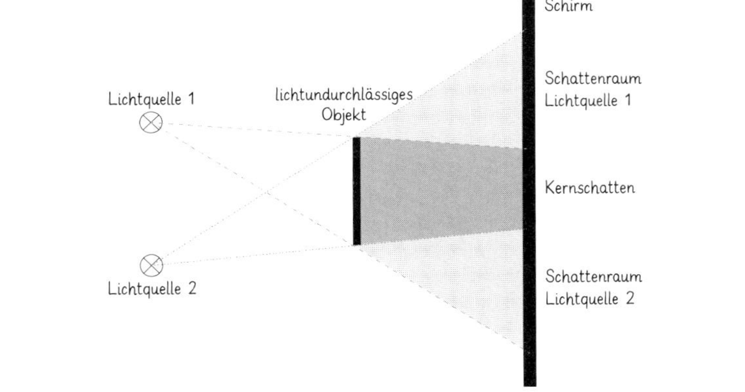

2 **Ergänze die Randstrahlen und die Schattenbereiche für eine Mondfinsternis. Beschrifte die Zeichnung ausführlich.**

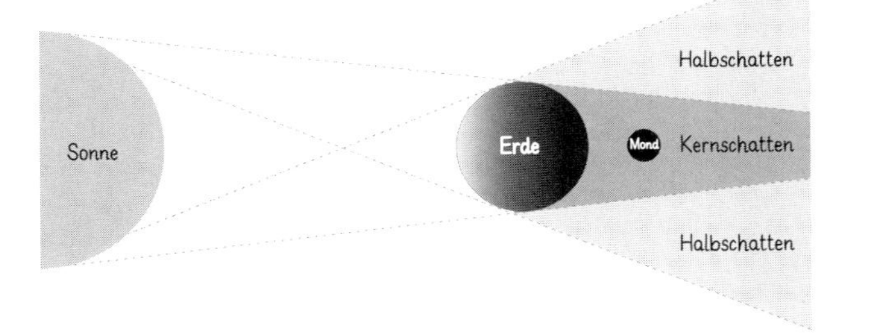

3 **Zeichne die Anordnung der Sonne, der Erde und des Mondes bei einer Sonnenfinsternis. Beschrifte deine Zeichnung.**

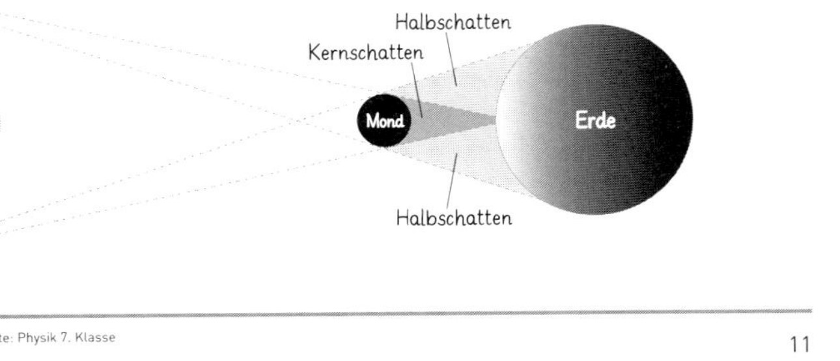

Kernschatten III

1 **Wenn der Mond in den Kernschatten der Erde eintritt, kann es zu einer Mondfinsternis kommen. Warum entsteht jedoch nicht bei jedem Umlauf des Mondes um die Erde eine Mondfinsternis?**

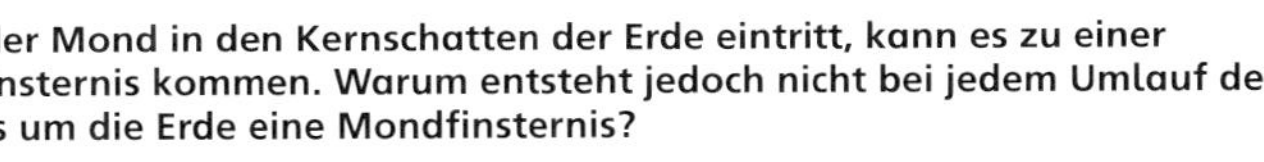

Da die Mondumlaufbahn gegen die Ebene Sonne-Erdbahn (Ekliptik) geneigt ist, tritt nicht bei jedem Umlauf des Mondes um die Erde eine Mondfinsternis auf. Tritt der Mond nur teilweise in den Erdschatten ein, so spricht man von einer partiellen Mondfinsternis.

2 **Beschreibe den Unterschied zwischen einer Sonnen- und einer Mondfinsternis.**

Eine Sonnen- oder Mondfinsternis entsteht bei ganz bestimmten Positionen der Himmelskörper Sonne, Mond und Erde. Eine Sonnenfinsternis entsteht, wenn sich der Mond zwischen die Erde und die Sonne schiebt. Sie ist nur am Tag von einem kleinen Teil der Erde aus zu sehen. Bei einer Mondfinsternis befindet sich die Erde zwischen Sonne und Mond. Diese ist dann von der gesamten Nachtseite der Erde sichtbar.

3 **Eine Sonnenfinsternis kann man jeweils nur von einem bestimmten Gebiet der Erde aus sehen. Erkläre. Fertige dazu auch eine Zeichnung an und beschrifte diese vollständig.**

Bei einer Sonnenfinsternis wandert der Schatten des Mondes über die Erdoberfläche. Dabei gerät immer nur ein kleiner Teil der Erde in den Kernschatten des Mondes. Nur von dort aus ist eine Sonnenfinsternis zu sehen.

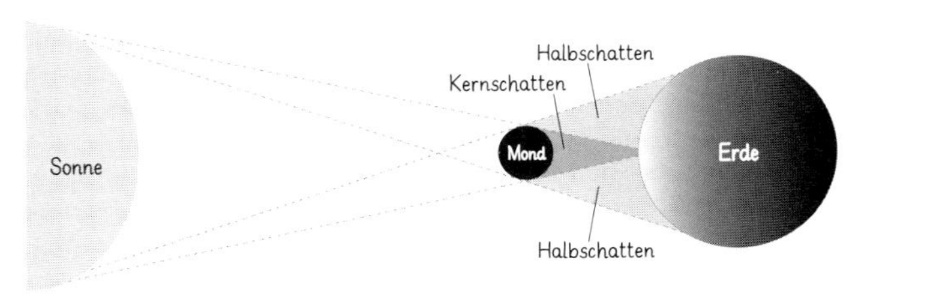

Reflexion – Einstieg

Reflexionsgesetz

einfallender Lichtstrahl

Lot

reflektierter Lichtstrahl

α β

α: Einfallswinkel

β: Reflexionswinkel

Spiegel

Reflexionsgesetz:

Einfallswinkel = Reflexionswinkel

$$\alpha = \beta$$

Einfallender und reflektierter Lichtstrahl sowie das Lot liegen in einer Ebene.

13

Reflexion I

1 **Wie lautet das Reflexionsgesetz?**

Wird ein Lichtstrahl reflektiert, so ist der Einfallswinkel gleich dem Reflexionswinkel. Einfallender Lichtstrahl, Lot und reflektierter Lichtstrahl liegen in einer Ebene.

2 **Ein Lichtstrahl trifft auf einen Spiegel. Welcher der abgebildeten Lichtstrahlen zeigt den reflektierten Lichtstrahl?** b

a

b

c

3 **Ein Lichtstrahl trifft mit einem Einfallswinkel von 60° auf einen Spiegel. Zeichne den einfallenden und den reflektierten Lichtstrahl und beschrifte vollständig.**

einfallender Lichtstrahl

Einfallswinkel

α α'

Lot

Reflexionswinkel

reflektierter Lichtstrahl

Spiegel

4 **Nenne drei Einsatzgebiete im Straßenverkehr, bei denen die Reflexion von Licht zur Sicherheit beiträgt.**

Reflektoren an Fahrrädern oder Leitpfosten, Rückspiegel im Auto, reflektierende Folien an Westen

14

Reflexion II

1 Ergänze das Lot und den reflektierten Strahl und beschrifte die Zeichnung ausführlich:

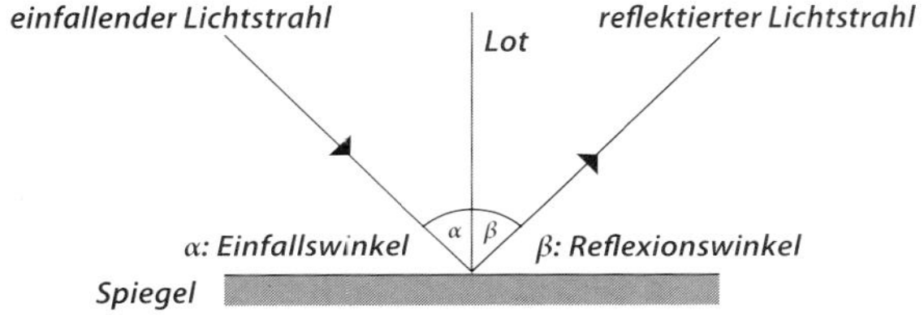

2 Bestimme die Einfalls- und Reflexionswinkel:

a) 30°

b) 20°

c) 22,5°

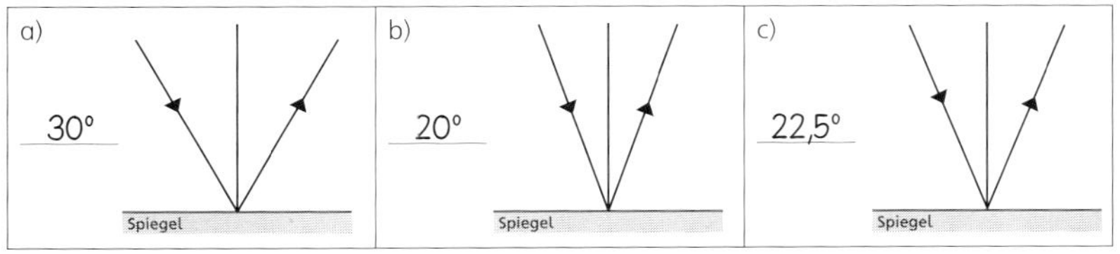

3 Zeichne den Weg des Lichtstrahls. Welchen Punkt A, B, C, D oder E trifft der reflektierte Strahl?

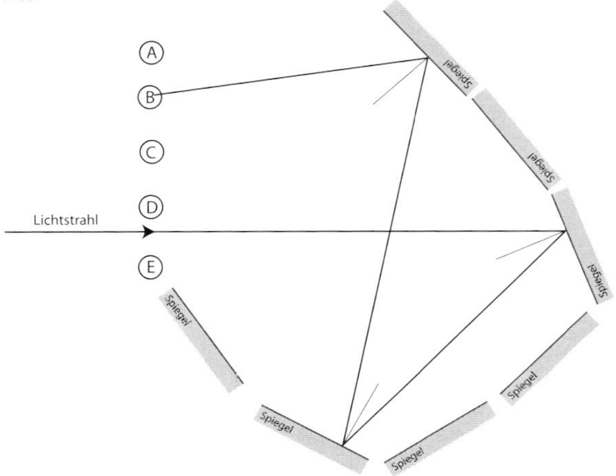

4 Bestimme in Aufgabe 3 alle Einfalls- und Reflexionswinkel.

Die Winkel betragen: 22,5°, 16,5° und 35°.

Reflexion III

1 a) Konstruiere das Spiegelbild der Kerze.

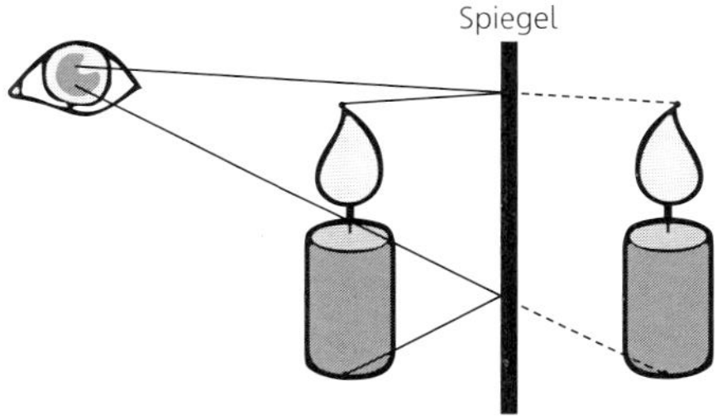

b) Welche Eigenschaften hat das Spiegelbild?

Das Spiegelbild ist genauso groß wie der Gegenstand selbst. Es entsteht hinter dem Spiegel im selben Abstand wie der Gegenstand davor. Es ist ein virtuelles Bild. Beim Spiegelbild wird vorne und hinten vertauscht, nicht links und rechts.

2 Wie groß muss der Einfallswinkel sein, damit einfallender und reflektierter Lichtstrahl senkrecht aufeinander stehen? Erkläre.

Der Einfallswinkel muss 45° betragen.

Da der Reflexionswinkel genauso groß ist wie der Einfallswinkel, ergeben sie zusammen 90°, d. h. die Lichtstrahlen stehen dann senkrecht aufeinander.

3 In den Kisten befinden sich ein oder mehrere Spiegel. Zeichne eine mögliche Lage.
Tipp: Ergänze die Lichtstrahlen.

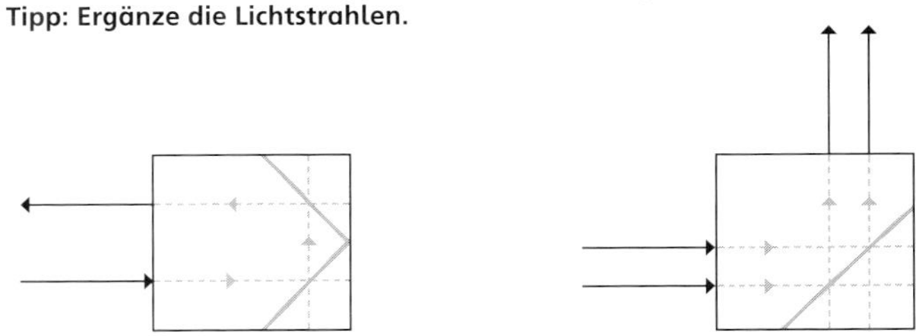

Brechung – Einstieg

Brechung

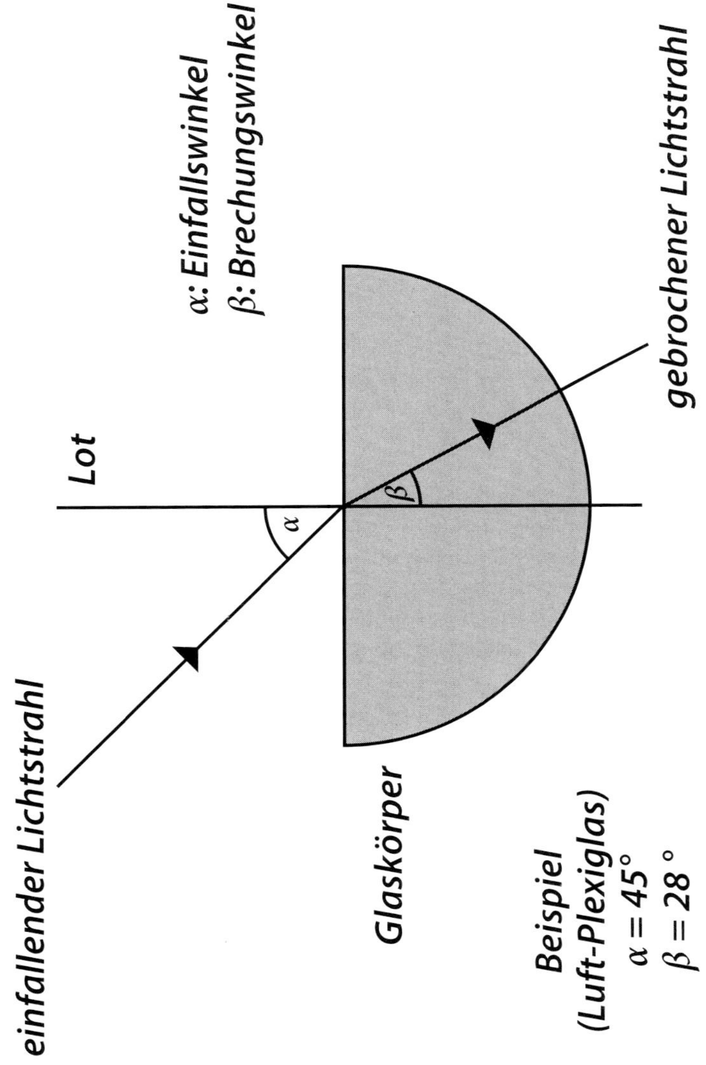

einfallender Lichtstrahl

Lot

α: Einfallswinkel
β: Brechungswinkel

Glaskörper

Beispiel
(Luft-Plexiglas)
$\alpha = 45°$
$\beta = 28°$

gebrochener Lichtstrahl

Brechung I

1 Fülle die Lücken aus.

Münze, Münze, schießt, Stelle, Licht, Knick, Grenzfläche, Rohr, Fisch, gebrochen, Brechung, Richtung

Peilt man mit einem Rohr eine im Wasser liegende Münze an, als würde man einen Fisch fangen wollen, so „schießt" man mit einem Stab vorbei – obwohl man doch die Münze durch das Rohr hindurch sieht. Doch man sieht die Münze nicht an der Stelle, an der sie sich tatsächlich befindet. Das Licht wird beim Auftreffen auf die Wasseroberfläche gebrochen. Es macht einen „Knick", d.h. es ändert seine Richtung. In der Physik bezeichnet man dies als Brechung des Lichts an einer Grenzfläche.

2 Beschrifte die Zeichnung vollständig.

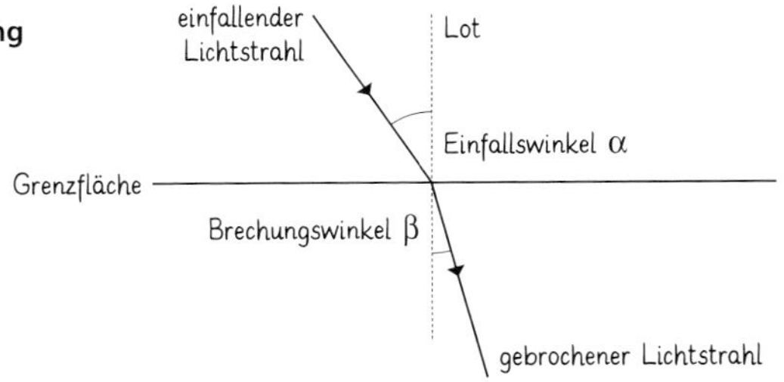

einfallender Lichtstrahl
Lot
Einfallswinkel α
Grenzfläche
Brechungswinkel β
gebrochener Lichtstrahl

3 Die plötzlich sichtbare Münze – Gedankenexperiment

Man legt eine Münze auf den Boden einer Kaffeetasse und stellt die Tasse genau so vor sich, dass man die Münze gerade nicht mehr sieht. Anschließend füllt man die Tasse mit Wasser. Beschreibe und erkläre, was dann passiert. Du kannst diesen Versuch auch zu Hause selbst nachstellen.

Die Münze wird plötzlich durch das Einschenken des Wassers sichtbar, obwohl man seine Blickrichtung nicht ändert. Beim Übergang an einer Grenzfläche, also hier von Luft zu Wasser, ändert Licht seine Richtung. Man sieht die Münze scheinbar angehoben.

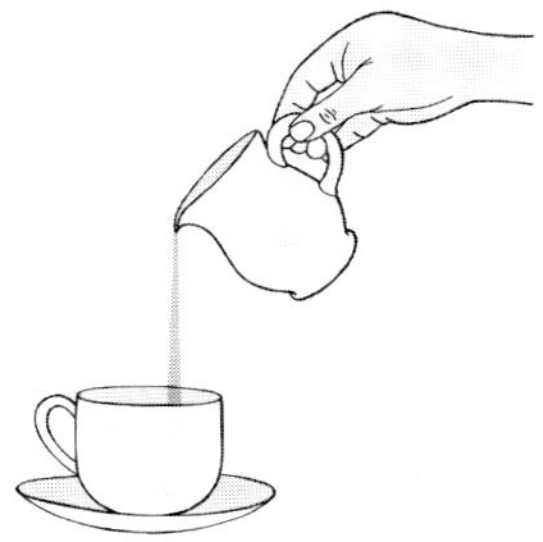

Brechung II

1 **Ergänze das Lot und den gebrochenen Strahl und beschrifte die Zeichnung ausführlich.**
Der Einfallswinkel beträgt 30° und der Brechungswinkel beträgt 20° (Glas).

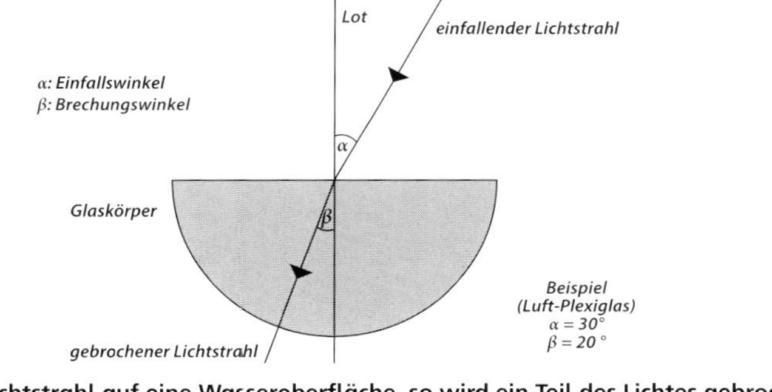

2 **Fällt ein Lichtstrahl auf eine Wasseroberfläche, so wird ein Teil des Lichtes gebrochen.**

a) Zeichne das Lot und die fehlenden Strahlen in die Zeichnung ein. Die notwendigen Daten findest du in der nebenstehenden Tabelle.

Einfallswinkel	Brechungswinkel
20°	15°
28°	21°
40°	29°
50°	35°
60°	41°

b) Welche Punkte (A bis G) werden von dem linken und dem mittleren Lichtstrahl getroffen?

c) Von welchem Punkt (x, y oder z) kam der gebrochene Lichtstrahl ganz rechts?

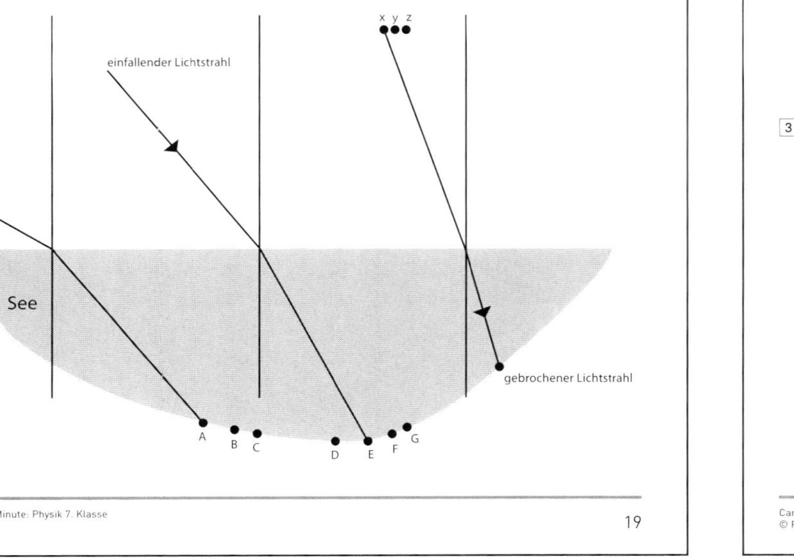

Brechung III

1 **Skizziere Lichtstrahlen beim Übergang von einem optisch dünneren in ein optisch dichteres Medium. Beschreibe, was passiert.**

Beim Übergang in ein anderes Medium ändert das Licht an der Grenzfläche seine Richtung, d.h. es wird gebrochen. Tritt Licht von einem optisch dünneren in ein optisch dichteres Medium, z.B. von Luft in Wasser, so wird es zum Lot hin gebrochen.

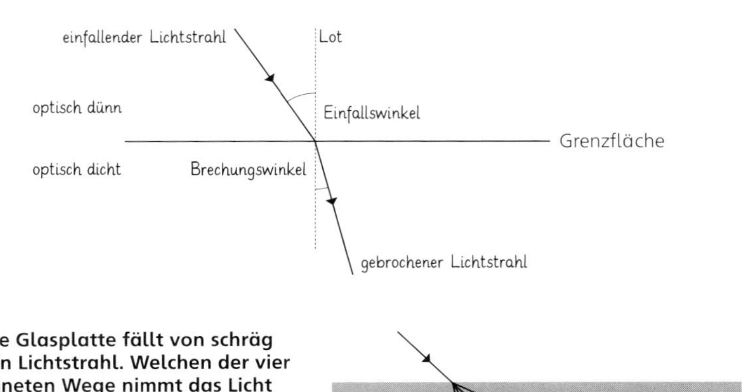

2 **Auf eine Glasplatte fällt von schräg oben ein Lichtstrahl. Welchen der vier gezeichneten Wege nimmt das Licht durch die Platte?**

Der Lichtstrahl wird parallel verschoben.

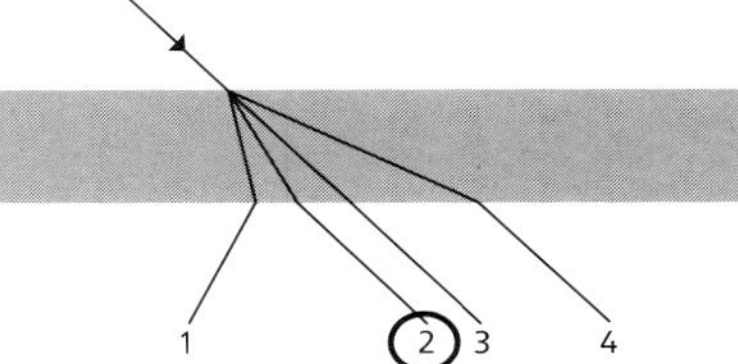

3 **Licht trifft unter einem Winkel von 50° auf die Grenzfläche Luft – Glas. Der Brechungswinkel beträgt 35°. Zeichne genau und beschrifte vollständig.**

einfallender Lichtstrahl
Lot
Luft
Einfallswinkel $\alpha = 50°$
Grenzfläche
Brechungswinkel $\beta = 35°$
Glas
gebrochener Lichtstrahl

Grenzwinkel – Einstieg

Brechung

gebrochener Lichtstrahl
Lot
α: Einfallswinkel
β: Brechungswinkel
Glaskörper
reflektierter Lichtstrahl
einfallender Lichtstrahl

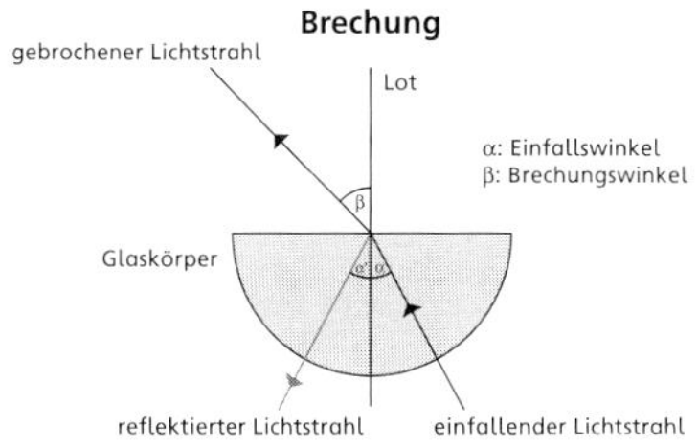

- Auch bei der Brechung wird ein Teil des Lichtes reflektiert.
- Wird der Einfallswinkel größer, wird mehr Licht reflektiert.
- Ab einem bestimmten Winkel wird das ganze Licht reflektiert.
- Diesen Winkel nennt man **Grenzwinkel**.
- Der Grenzwinkel hängt vom Material ab.
- Für Wasser beträgt der Grenzwinkel 49° und für Plexiglas 42°.
- Darstellung der Daten im Balkendiagramm:

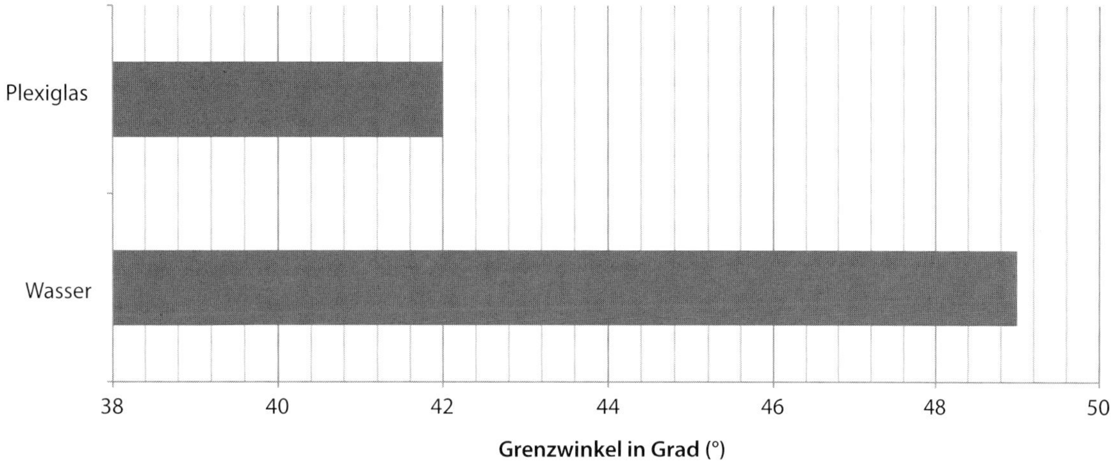

Plexiglas
Wasser
38 40 42 44 46 48 50
Grenzwinkel in Grad (°)

21

Grenzwinkel I

1 **Folgende Grenzwinkel wurden für die jeweiligen Materialien gemessen.**

Material	Wasser	Plexiglas	Kronglas	Flintglas	Diamant	Alkohol
Grenzwinkel	49°	42°	42°	38°	24°	48°

Stelle die Daten aus der Tabelle in einem Balkendiagramm dar.

Wasser
Plexiglas
Kronglas
Flintglas
Diamant
Alkohol
0 10 20 30 40 50 60
Grenzwinkel in Grad (°)

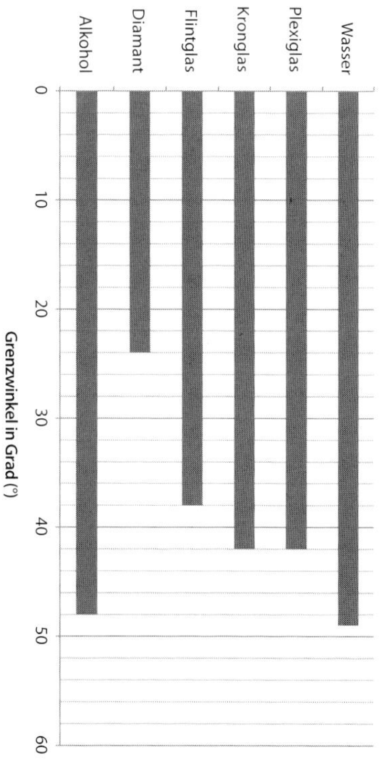

2 **Verschiedene Materialien brechen das Licht verschieden stark. Zum Beispiel wird ein Lichtstrahl mit einem Einfallswinkel von 30° beim Übergang von Luft nach Wasser um 8° gebrochen (Brechungswinkel 22°). Beim Übergang von Luft in einen Diamanten würde der gleiche Lichtstrahl um 18° gebrochen (Brechungswinkel = 12°). Ein Maß für die Brechkraft ist die Brechzahl:**

Material	Eis	Wasser	Quarzglas	Benzol	Plexiglas	Diamant
Brechzahl	1,31	1,33	1,46	1,49	1,5	2,42

Stelle die Daten aus der Tabelle in einem Balkendiagramm dar.

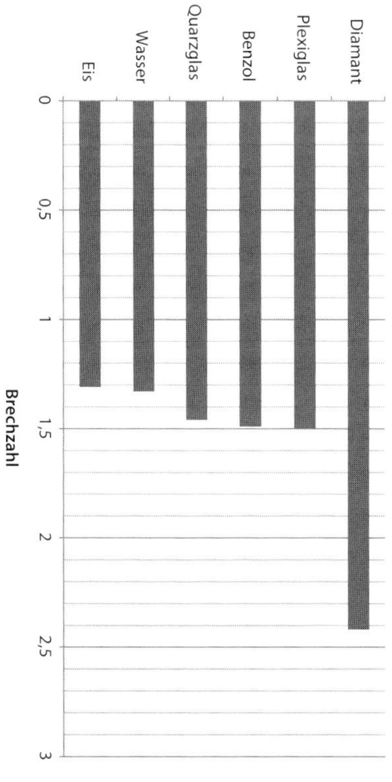

Diamant
Plexiglas
Benzol
Quarzglas
Wasser
Eis
0 0,5 1 1,5 2 2,5 3
Brechzahl

22

Grenzwinkel II

1 **Beschreibe die Zeichnung mit deinen eigenen Worten.**

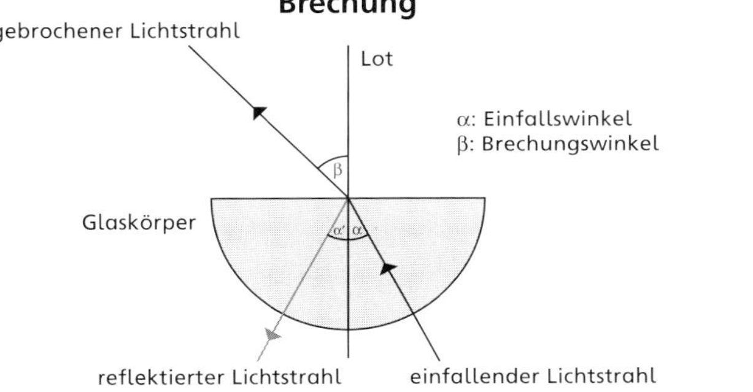

Trifft Licht auf eine Grenzfläche, so wird es gebrochen. Ein Teil des Lichtes wird aber immer auch reflektiert. Beim Übergang von Glas nach Luft wird der Lichtstrahl vom Lot weggebrochen. Ist der Einfallswinkel größer als der Grenzwinkel, wird das Licht vollständig reflektiert.

2 **Was passiert, wenn der Einfallswinkel größer wird als der Grenzwinkel?**

Wird der Einfallswinkel größer als der Grenzwinkel, so wird das Licht nicht mehr gebrochen, sondern vollständig reflektiert. In der Physik nennt man dies Totalreflexion.

3 **Nenne mindestens drei Anwendungen der Totalreflexion im Alltag.**

Glasfaserkabel, Reflektoren z.B. am Fahrrad bzw. Katzenaugen, Fata Morgana bzw. Luftspiegelung

4 **Die Totalreflexion ist nur beim Lichtübergang vom optisch dichteren in ein optisch dünneres Medium möglich. Nenne drei Medien, die optisch dichter sind als Luft.**

Glas, Wasser, Plexiglas, Diamant

Grenzwinkel III

1 **Zeichne den vollständigen Strahlenverlauf bei der Reflexion und Brechung des Lichts an der Grenzfläche Luft – Wasser, d.h. der Lichtstrahl kommt aus der Luft und trifft auf Wasser. Beschrifte deine Zeichnung vollständig.**

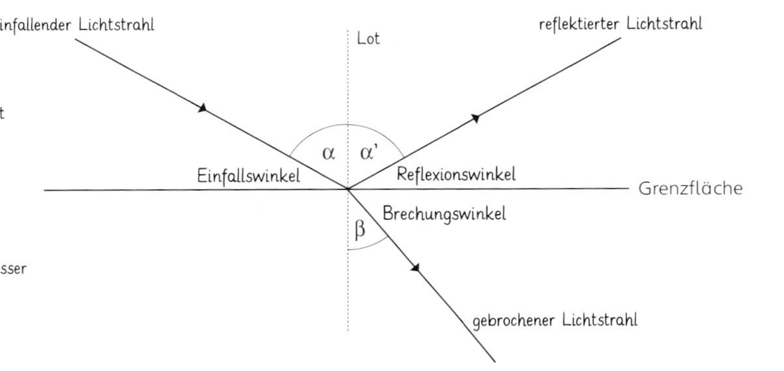

2 **Warum ist keine Totalreflexion beim Lichtübergang von Luft nach Wasser, also von einem optisch dünneren in ein optisch dichteres Medium, möglich?**

Beim Übergang von einem optisch dünneren Medium in ein optisch dichteres Medium wird das Licht zum Lot hin gebrochen. Es gibt hier also immer einen gebrochenen Lichtstrahl. Es ist keine Totalreflexion möglich.

3 **Reflektoren am Fahrrad sind im Straßenverkehr sehr wichtig. Beschreibe und erläutere den Aufbau eines Reflektors.**

Ein Reflektor besteht aus vielen winzig kleinen Glasprismen. Diese Prismen sind so geformt, dass sie das Licht totalreflektieren. Damit wird das Licht in die Richtung zurückgeworfen, aus der es kam.

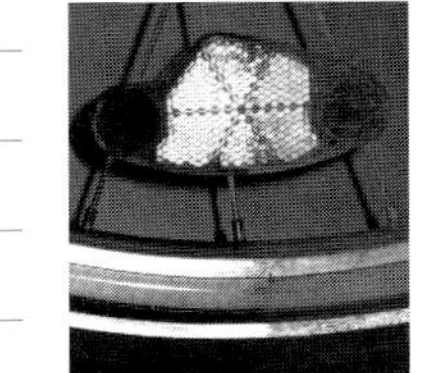

Lösungen

Schall – Einstieg

Schallquellen sind Körper, die Schall erzeugen.

Sie lassen Töne entstehen, wenn sie schwingen.

Man unterscheidet zwischen folgenden **Schallarten**:

Ton — Klang — Geräusch — Knall

Frequenz und Amplitude

Die Frequenz gibt die Zahl der Schwingungen in einer Sekunde an.

Der größte Ausschlag einer Schwingung heißt Amplitude.

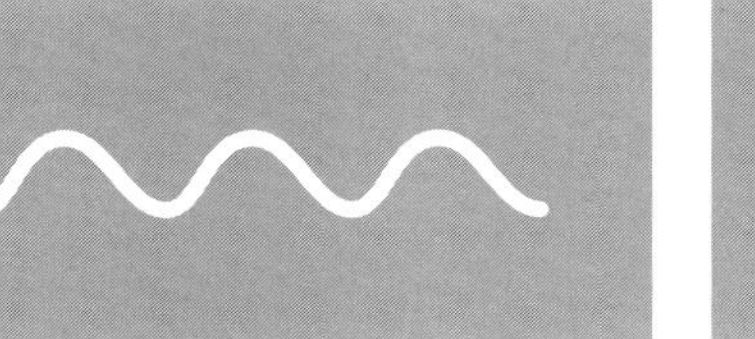

Kleine Amplitude – leiser Ton

große Amplitude – lauter Ton

hohe Frequenz – hoher Ton

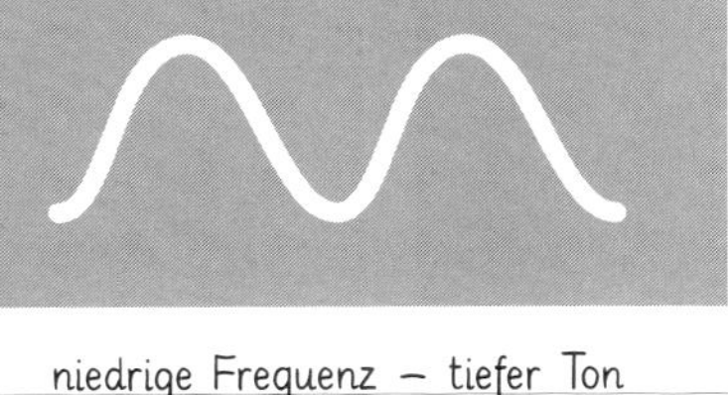

niedrige Frequenz – tiefer Ton

Schall I

1 **Nenne mindestens vier verschiedene Schallquellen.**

Musikinstrumente (z.B. Trommel, Rassel, Gitarre, Trompete uvm.), platzender Luftballon, tickende Uhr, Donner, singender Vogel, usw.

2 **Welche Schallarten gibt es?**

Ton, Geräusch, Klang, Knall

3 **Mit einem Lineal lassen sich verschieden hohe und unterschiedlich laute Töne erzeugen. Beschreibe.**

Wenn ein Lineal schwingt, hört man Töne. Ist das freischwingende Ende sehr lang, so erklingt ein tiefer, aber leiser Ton. Lässt man nur ein kurzes Stück schwingen, so ist der Ton höher und lauter.

4 **Erläutere die Begriffe Frequenz und Amplitude.**

Die Frequenz gibt die Zahl der Schwingungen in einer Sekunde an.
Ist diese sehr groß, so erklingt ein hoher Ton.
Die Amplitude beschreibt den größten Ausschlag der Schwingung und bestimmt die Lautstärker. Bei einer großen Amplitude erklingt ein lauter Ton.

Schall II

1 **Wie können Töne erzeugt werden?**

Ein Ton erklingt, wenn etwas schwingt, z.B. schwingende Saiten einer Gitarre.

2 **Mit einer Stimmgabel kann eine Schwingung sichtbar gemacht werden. Beschreibe einen Versuch.**

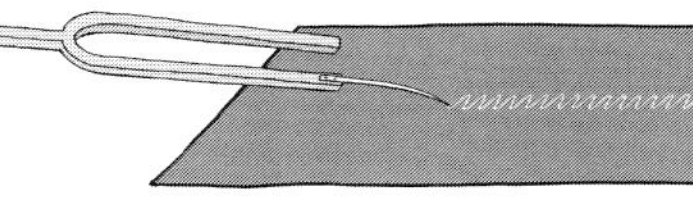

Befestigt man an einer Stimmgabel eine Schreibfeder und schlägt die Stimmgabel an, so kann man in einer Rußschicht die Spur des Tones aufzeichnen. Die Stimmgabel wird dabei während des Schwingens gleichmäßig über die Platte gezogen. Man erkennt eine gleichmäßig geschwungene Wellenlinie. Diese heißt Sinuskurve.

3 **Was wurde mit dem Oszilloskop aufgezeichnet? Erläutere das Schwingungsbild.**

Das Schwingungsbild zeigt einen Knall. Die Schwingung hat eine große Amplitude und dauert nur kurz. Danach klingt sie schnell wieder ab.

4 **Was gibt die Frequenz an? Erläutere mithilfe der Aufzeichnung des Oszilloskops.**

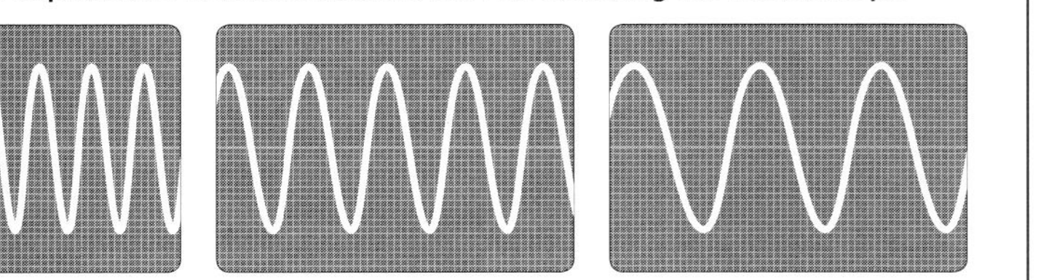

Die Frequenz gibt die Anzahl der Schwingungen in einer Sekunde an und wird in Hertz gemessen. Je größer die Frequenz ist, d.h. je mehr Schwingungen in einer Sekunde stattfinden, desto höher ist der Ton. Das Oszilloskop zeichnete drei Schwingungen mit unterschiedlicher Frequenz auf: einen hohen, mittleren und tiefen Ton.

Schall III

1 **Was haben eine Stimmgabel und der Mensch gemeinsam?**

Stimmgabel und Mensch sind beide Schallquellen. Bei der Stimmgabel schwingen die Zinken und beim Menschen die Stimmbänder.

2 **Was bedeutet es, wenn auf einer Stimmgabel 256 Hz bzw. 512 Hz steht?**

Die Beschriftungen 256 Hz und 512 Hz auf einer Stimmgabel geben die Frequenz an. 256 Hz bedeutet, dass die Stimmgabel in einer Sekunde 256 Schwingungen ausführt. Diese erzeugt einen tieferen Ton als eine Stimmgabel, die mit 512 Hz beschriftet ist.

3 **Eine Fliege, Wespe oder Hummel hört man fliegen. Warum aber hört man den Schmetterling nicht?**

Fliege, Wespe und Hummel führen sehr schnelle Bewegungen ihrer Flügel aus, sie machen also viele Flügelschläge pro Sekunde und haben daher eine hohe Frequenz. Der Schmetterling bewegt seine Flügel mit einer so geringen Frequenz, dass der Flügelschlag für unser menschliches Ohr nicht hörbar ist.

4 **Mit einem Oszilloskop werden ein lauter und ein leiser Ton aufgezeichnet. Worin unterscheiden sich die Schwingungsbilder? Zeichne und erläutere.**

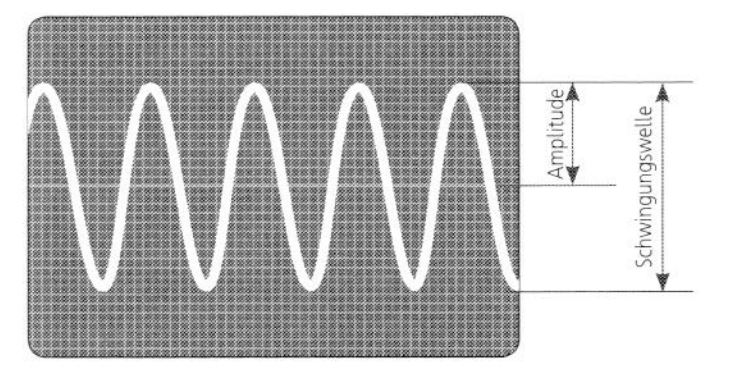

leiser Ton (kleine Amplitude)

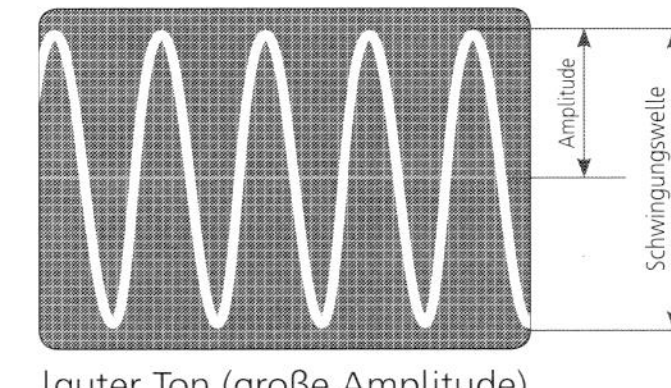

lauter Ton (große Amplitude)

Die Lautstärke eines Tons ist von der Amplitude der Schwingung abhängig. Je größer die Amplitude, desto lauter der Ton.

Schallausbreitung – Einstieg

Versuchsaufbau:

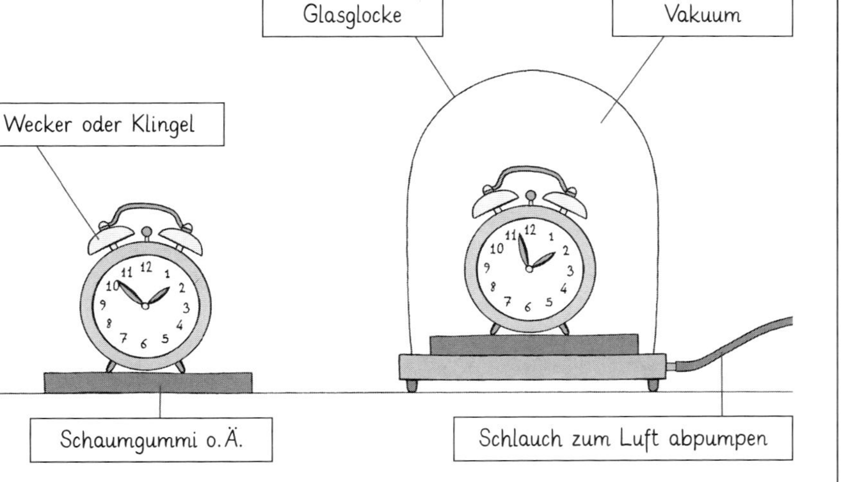

Versuchsbeschreibung:

Ein klingender Wecker (oder eine Klingel) wird zunächst auf eine weiche Unterlage, z.B. Schaumgummi, gestellt. Anschließend stellen wir ihn unter eine Glasglocke und pumpen die Luft heraus.

Versuchsbeobachtung:

Der Ton wird leiser, sobald der Wecker auf dem Schaumgummi steht. Unter der Glasglocke, aus der die Luft abgepumpt wurde, ist er schließlich gar nicht mehr zu hören.

Versuchsergebnis:

Zur Ausbreitung braucht Schall einen Träger, z.B. Luft.

Schallausbreitung I

1 **Wahr oder falsch? Kreuze an.**

	wahr	falsch
Schall breitet sich in Luft aus.	X	☐
Die Schallausbreitung ist schneller als die Lichtausbreitung.	☐	X
Es gibt nur feste Schallträger.	☐	X

2 **Nenne mindestens drei Stoffe, in denen sich Schall ausbreiten kann.**

Luft, Wasser, Holz, Glas, Schaumgummi usw.

3 **Weiche, lockere Stoffe wie ein Tafelschwamm, Watte oder Filz leiten den Schall besonders**

☐ gut weiter.
X schlecht weiter.
☐ schnell weiter.

4 **Bei einem Gewitter zählt Steffi, nachdem sie den Blitz gesehen hat, die Sekunden bis zum Donner. Warum?**

Da sich Licht schneller als Schall ausbreitet, nimmt Steffi bei dem Gewitter zuerst den Blitz wahr. Sie zählt die Sekunden bis zum Donner, damit sie die Entfernung des Gewitters ermitteln kann.

Schallausbreitung II

1 **Fülle die Lücken aus. Verwende dazu folgende Wörter:**

Schall, schneller, Schallträger, Sekunde, feste, Luft, Wasser, flüssige, Eisen

Zur Ausbreitung braucht der Schall einen Schallträger. Es gibt zum Beispiel feste und flüssige Schallträger. Auch Luft ist ein Schallträger. Der Schall legt hier in einer Sekunde etwa 340 m zurück. In Wasser oder Eisen breitet sich der Schall deutlich schneller aus.

2 **Bei einem Gewitter hört man den Donner vier Sekunden nach dem Blitz. Wie weit ist das Gewitter entfernt?**

Da der Schall in einer Sekunde etwa 340 m zurücklegt, vervierfacht man diese Entfernung. Also 340 m · 4 = 1360 m = 1,36 km

Das Gewitter ist demnach etwa 1,4 km entfernt.

3 **Hanna und Louise basteln ein Fadentelefon. Was benötigen die beiden dazu und worauf müssen sie beim „Telefonieren" achten? Fertige auch eine Skizze an.**

Um ein Fadentelefon zu basteln, benötigen Hanna und Louise zwei Becher, zwei kleine Hölzer, z.B. Streichhölzer, eine Nadel und eine Schnur. Mit der Nadel müssen die beiden ein kleines Loch in die Becher stechen, um darin jeweils durch einen Knoten die Becher an den Enden der Schnur zu befestigen. Beim Telefonieren müssen sie darauf achten, dass die Schnur gespannt ist und abwechselnd eine in seinen Becher spricht, die andere ihren Becher dicht ans Ohr hält.

Joghurtbecher

Streichholz mit Knoten

Joghurtbecher

Faden

Schallausbreitung III

1 **Beschreibe mit eigenen Worten die Ausbreitung von Schall. Verwende dazu folgende Begriffe: Schallträger, Luft, Verdichtungen, Verdünnungen, Schallwelle**

Damit sich Schall ausbreitet, braucht es einen Schallträger, z.B. Luft. Luft besteht aus vielen kleinen Teilchen. Schwingt eine Schallquelle, z.B. die Enden einer Stimmgabel, so werden durch die Schwingungen die Luftteilchen angestoßen und schwingen auch. Sie geben die Schwingung an Nachbarteilchen weiter. Es entstehen Verdichtungen und Verdünnungen der Luftteilchen. Die Schwingung wandert so durch die Luft, die Luftteilchen selbst bleiben aber an ihrem Ort. Die Aufeinanderfolge von Luftverdichtungen und -verdünnungen nennt man Schallwelle.

2 **Alina und Silas haben sich ein Fadentelefon gebaut. „Irgendwie funktioniert das nicht", meint Alina. Hilf den beiden und erkläre, was der Fehler ist.**

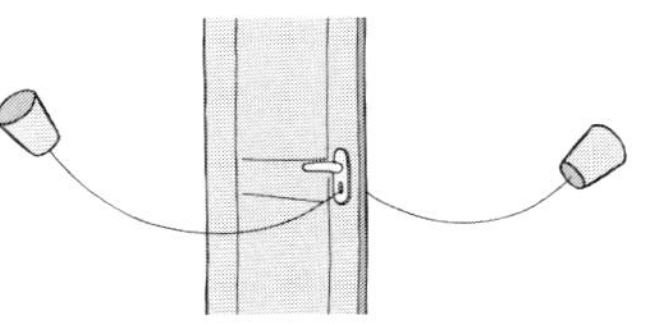

Damit Alina und Silas das Fadentelefon richtig benutzen können, muss die Schnur gespannt sein und darf nirgends anliegen. Nur so kann der Schall sich ausbreiten.

3 **a) Recherchiere die Schallgeschwindigkeiten in unterschiedlichen Stoffen und fülle die Tabelle aus.**

Stoff	Schallgeschwindigkeit
Luft	340 m/s
Wasser	1480 m/s
Eisen	5170 m/s
Gummi	150 m/s
Kork	540 m/s
Glas	5100 m/s

b) Warum breitet sich der Schall in unterschiedlichen Stoffen so unterschiedlich schnell aus?

Stoffe haben eine unterschiedliche Dichte. Schall breitet sich beispielsweise in Wasser schneller aus als in Luft, da Wasser eine größere Dichte besitzt. Zudem ist die Ausbreitungsgeschwindigkeit abhängig von der Temperatur der Stoffe.

Lösungen

Masse, Volumen, Dichte – Einstieg

Masse

Die Masse bestimmt wie träge ein Körper ist. Die schwere Masse ist dafür verantwortlich, dass sich zwei Kärper anziehen. Die Masse eines Körpers ist überall gleich. Sie ändert sich nicht bei einem Ortswechsel. Man sagt, sie ist ortsunabhängig.

Formelzeichen: m

Einheiten: mg, g, kg, t

Bestimmung mit: Waage

Volumen

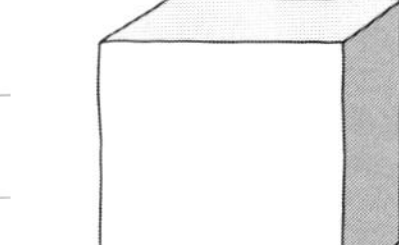

Das Volumen gibt an, wieviel Raum ein Körper einnimmt.

Formelzeichen: V

Einheiten: mm^3, cm^3, dm^3, m^3, ml, cl, dl, l

Berechnung bei regelmäßigen Körpern, z. B. Quader:

V = Länge · Breite · Höhe

Bestimmung bei unregelmäßigen Körpern, z. B. Stein:

durch die Wasserverdrängungsmethode, z. B. Differenz- oder Überlaufmethode

Dichte

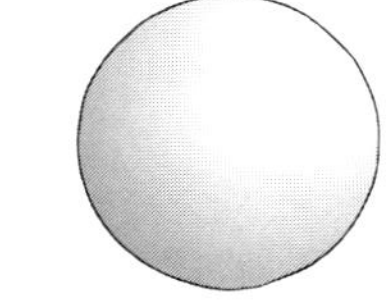

Die Dichte eines Körpers ist die Masse pro Volumen. Sie ist stoffabhängig.

Formelzeichen: ρ

Einheiten: $\frac{kg}{m^3}$, $\frac{g}{cm^3}$

Berechnung: $\rho = \frac{m}{V}$

Carolin Schmidt / Hardy Seifert: Last Minute: Physik 7. Klasse

33

Masse, Volumen, Dichte I

1 **Nenne die vier üblichen Masseeinheiten. Welcher Zusammenhang besteht zwischen ihnen?**

mg, g, kg und t.

Es gilt: 1 g = 1000 mg, 1 kg = 1000 g und 1 t = 1000 kg

2 **Welche Gegenstände und Maßeinheiten gehören zusammen? Verbinde mit einem Pfeil.**

3 g | 5 t | 20 g | 1 kg | 24 kg

3 **Berechne das Volumen einer Schachtel mit a = 4 cm, b = 2,5 cm und c = 6. Gib das Ergebnis auch in mm³ an.**

$V = a \cdot b \cdot c = 4\,cm \cdot 2,5\,cm \cdot 6\,cm = 60\,cm^3 = 0,06\,mm^3$

4 **Fülle die Lücken aus. Verwende folgende Wörter:**

Dichte, Masse, Volumen, Dichte, ortsunabhängig, Raum, Volumen, Masse

Jeder Körper besitzt eine Masse. Sie ist überall gleich. Man sagt sie ist ortsunabhängig. Das Volumen gibt an, wie viel Raum der Körper einnimmt. Aus der Masse und dem Volumen des Körpers kann man seine Dichte berechnen. Metalle haben eine größere Dichte als Luft.

Carolin Schmidt / Hardy Seifert: Last Minute: Physik 7. Klasse

34

Masse, Volumen, Dichte II

1 **Rechne in die angegebenen Masseeinheiten um.**

a) 3000 kg = 3 t b) 350 g = 0,35 kg c) 60 mg = 0,06 g

d) 0,5 t = 500 kg e) 7700 kg = 7,7 t

2 **a) Wie kann man das Volumen einer Schachtel berechnen?**

V = Länge · Breite · Höhe

b) Worauf muss man dabei achten?

Alle Maße müssen in derselben Einheit gegeben sein bzw. zunächst in die gleiche Einheit umgerechnet werden.

3 **Wie bestimmt man das Volumen eines unregelmäßigen Körper wie eines Steines oder einer Kartoffel?**

Das Volumen eines unregelmäßigen Körpers wird durch die Differenz- oder die Überlaufmethode ermittelt. Das Volumen eines Körpers entspricht dem Volumen der Flüssigkeit, die er verdrängt. Bei der Differenzmethode wird der Flüssigkeitsstand in einer Säule vor und nach dem Eintauchen des unregelmäßigen Körpers bestimmt und anschließend die Differenz gebildet. Bei der Überlaufmethode taucht man den Körper in ein Überlaufgefäß ein, welches bis zum Auslauf mit Wasser gefüllt ist. Das Volumen des übergelaufenen Wassers entspricht dem Volumen des Körpers.

4 **a) Fülle aus. Dichte =** $\frac{\text{Masse}}{\text{Volumen}}$ **, kurz als Formel:** $\rho = \frac{m}{V}$

b) Berechne die Dichte eines Würfels mit einer Kantenlänge von 2 cm und einer Masse von 11,2 g. Aus welchem Material besteht der Würfel?

Material	Dichte in
Wasser	0,998
Kohle	1,4
Eisen	7,86
Kupfer	8,93
Gold	19,3

$V = a \cdot a \cdot a = 2\ cm \cdot 2\ cm \cdot 2\ cm$

$= 8\ cm^3$

$\rho = \frac{m}{V} = \frac{11{,}2\ g}{8\ cm^3} = 1{,}4\ \frac{g}{cm^3}$

Der Würfel besteht aus Kohle.

Masse, Volumen, Dichte III

1 **Welche Massen gehören zusammen? Verbinde mit einem Pfeil.**

7000 g	777 g
7,7 kg	0,070 g
0,777 kg	7 kg
7,7 t	7 g
70 mg	7700 g
7000 mg	7700 kg

2 **Was kann mit der Überlaufmethode oder der Differenzmethode bestimmt werden? Erläutere den Unterschied zwischen den Methoden.**

Mit der Überlauf- und der Differenzmethode kann das Volumen von unregelmäßigen Körpern bestimmt werden. Bei der Differenzmethode wird der Flüssigkeitsstand in einer Wassersäule vor und nach Eintauchen eines unregelmäßigen Körpers bestimmt und darauf die Differenz berechnet. Bei der Überlaufmethode hingegen benötigt man zwei Gefäße. Hier bestimmt das Volumen des herausgelaufenen Wassers das des unregelmäßigen Körpers.

3 **Welche Kantenlänge hat ein Eisenwürfel mit einem Gewicht von 62,88 g? Die Dichte von Eisen beträgt 7,86** $\frac{g}{cm^3}$.

$V = \frac{m}{\rho} = \frac{62{,}88\ g}{7{,}86\ g/cm^3} = 8\ cm^3$

$a = \sqrt[3]{8\ cm^3} = 2\ cm$

Die Kantenlänge des Eisenwürfels beträgt 2 cm.

4 **Ein Kohlewürfel und ein Eisenwürfel haben das gleiche Volumen. Welcher der beiden Würfel hat die kleinere Masse? Begründe deine Antwort.**

Da die Dichte von Eisen größer ist als die Dichte von Kohle und die Masse proportional zur Dichte ist, besitzt der Kohlewürfel bei gleichem Volumen die kleinere Masse.

Newton – Einstieg

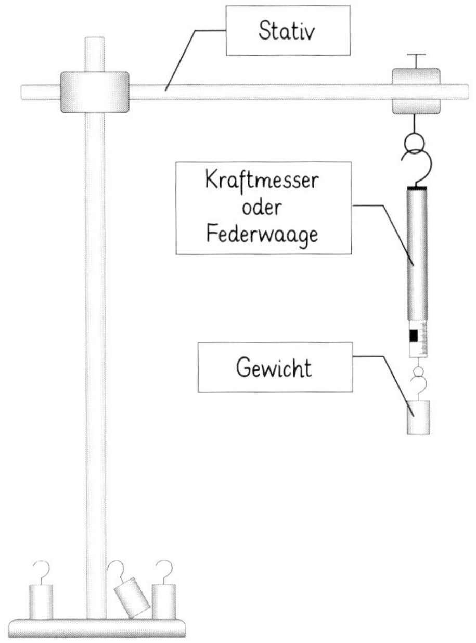

Newton:

- Englischer Naturwissenschaftler
- Einheit für physikalische Kräfte
- Abkürzung: 1 N
- Messinstrument: Federwaage bzw. Federkraftmesser
- Auf der Erde: 100 g ≙ 1 N
- Formel für Gewichtskraft: $F = m \cdot g$
- Darstellung der Kräfte durch Pfeile (Betrag, Richtung, Angriffspunkt)
- Arten von Kräften: Reibungskraft, Antriebskraft, elektr. Kraft usw.

Kräfte erkennt man an ihren Wirkungen.
Sie können einen Gegenstand dauerhaft oder vorübergehend verformen.
Sie können die Bewegungsrichtung eines Gegenstandes verändern.
Sie können die Geschwindigkeit eines Gegenstandes erhöhen oder vermindern.

37

Newton I

1 **Bei welchen der angegebenen Kräfte handelt es sich um eine physikalische Kraft? Kreise ein.**

Sehkraft der Augen	elektrische Kraft (eingekreist)	Reibungskraft (eingekreist)
Überzeugungskraft	Zugkraft (eingekreist)	Windkraft (eingekreist)
magnetische Kraft (eingekreist)	Erdanziehungskraft (eingekreist)	Aushilfskraft

2 **Knete, ein Luftballon, Draht, ein Schwamm oder eine Feder können durch das Einwirken einer Kraft verformt werden. Was passiert, wenn keine Kraft mehr auf die genannten Körper einwirkt? Beschreibe.**

Durch das Einwirken einer Kraft können diese Gegenstände entweder dauerhaft oder vorübergehend verformt werden. Wirkt keine Kraft mehr, so gehen folgende Gegenstände wieder in ihre Ausgangsform zurück: Schwamm, Feder. Je nachdem wie groß die Kraft war, platzt der Luftballon oder geht auch wieder in die ursprüngliche Form zurück.

3 **Gib die Größe der Kräfte an. Es gilt: 1 cm entspricht 2 N.**

6 N — 3 N — 5 N

4 **a) Berechne die Gewichtskräfte folgender Massen:**

3 kg ≙ 30 N — 28,5 kg ≙ 285 N — 600 g ≙ 6 N — 2 g ≙ 0,02 N

b) Berechne die zugehörigen Massen:

8 N ≙ 800 g — 55 N ≙ 5500 g — 900 N ≙ 90 kg — 5 kN ≙ 500 kg

38

Newton II

1 **Wandle in die angegebene Einheit um.**

1200 N	0,02 N	23452 mN	0,0003 kN	0,0003 kN	55000 mN
1,2 kN	20 mN	23,452 N	0,3 N	300 mN	0,055 kN

2 **Ordne den Aussagen die passende Kraftangabe zu (100 mN, 1 N, 0,5 kN).**

Die Kraft, die man benötigt, um eine Tafel Schokolade (100 g) auf der Erde hochzuheben.	1 N
Die Kraft, die man benötigt, um einen Sack Zement (50 kg) auf der Erde hochzuheben.	0,5 kN
Die Kraft, die ein Astronaut auf dem Mond benötigt, um eine 60 g schweres Werkzeug hochzuheben.	100 mN = 0,1 N

3 **Zeichne die Kraftpfeile für 10 N, 60 N und 25 N. Wähle einen geeigneten Maßstab und gib diesen an.**

Maßstab: 1 cm ≙ 10 N

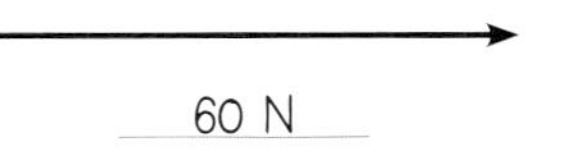

10 N 60 N 25 N

4 **Welche Masse hat ein Astronaut mit einer Gewichtskraft von 1155 N auf der Erde? Welche Masse hat er auf dem Mond? Begründe deine Antwort.**

$F = m \cdot g$

$m = \frac{1155\ N}{10\ N/kg} = 115{,}5\ kg$

Der Astronaut hat auf der Erde eine Masse von 115,5 kg. Da die Masse ortsunabhängig ist, hat er dieselbe Masse auf dem Mond.

5 **Erläutere das Prinzip eines Federkraftmessers anhand der Zeichnung.**

Ein Federkraftmesser besteht aus einer Schraubenfeder, einer Schutzhülle, einer Skala, einer Schraube zur Nullpunkteinstellung und zwei Haken: einer zur Befestigung und einer zum Einhängen eines Gegenstandes. Vor jeder neuen Messreihe muss der Federkraftmesser geeicht werden. Dies geschieht durch Lösen der Schraube und Einstellung des Nullpunktes. Wird nun ein Gegenstand an den Kraftmesser gehängt, wirkt die Gewichtskraft F_G auf ihn. Die Feder dehnt sich aus. Je nach Masse des Gegenstandes wird diese mehr oder weniger stark gedehnt. Diese wird an der Skala abgelesen.

Newton III

1 **Im Alltag gibt es viele Begriffe, die das Wort „Kraft" enthalten. Nicht immer handelt es sich dabei um eine physikalische Kraft. Nenne drei physikalische Kraftbegriffe und erläutere, woran man sie erkennt.**

Kräfte erkennt man an ihren physikalischen Wirkungen. Beispiele für physikalische Kräfte:

- Magnetische Kraft – sie kann z.B. die Richtung einer rollenden Eisenkugel ändern
- Windkraft – sie kann z.B. Bäume und Sträucher verformen
- Motorkraft – sie kann z.B. die Geschwindigkeit eines Autos erhöhen

2 **Skizziere Kraftpfeile zu folgenden Aussagen.**

a) Weil die Auftriebskraft größer ist als die Gewichtskraft, steigt ein Heißluftballon.

b) Bei einem Tauziehen besiegen Ida, Louise und Hanna die beiden Jungen Ben und Luca.

a) 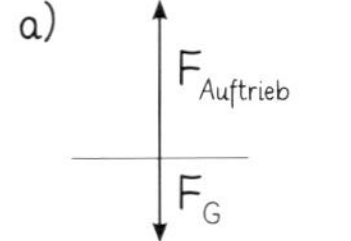

b) 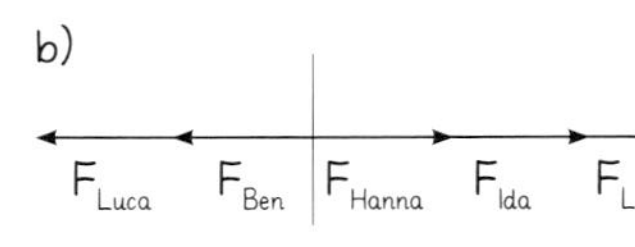

3 **Es gilt $g_{Erde} = 10\ \frac{N}{kg}$. Fülle die Tabelle aus.**

Masse m	20 kg	300 g	105 t	5 kg	1100 kg 1,1 t
Gewichtskraft F_G	200 N	3 N	1050000 N 1050 kN	50 N	11000 N

4 **Kreuze alle richtigen Aussagen an.**

- [ ] Ein Körper mit einer Masse von 60 kg hat am Nordpol die gleiche Gewichtskraft wie auf dem Mond.
- [ ] Alle Körper haben auf der Erdoberfläche die gleiche Gewichtskraft.
- [x] Die Gewichtskraft eines Körpers ist abhängig von der Masse und vom Ort.
- [x] Die Masse eines Körpers ist unabhängig vom Ort, an dem sich der Körper befindet.
- [x] Die Gewichtskraft zeigt immer zum Erdmittelpunkt.
- [ ] Ein Raumfahrer hat auf dem Mond eine geringere Masse als auf der Erde.
- [ ] Die Masse eines Körpers ist abhängig von der Gewichtskraft und vom Ort.

Lösungen

Hebel – Einstieg

Versuchsaufbau:

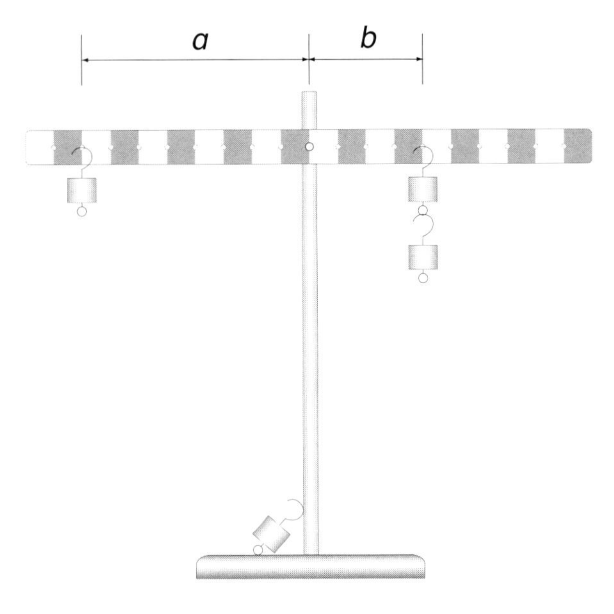

Hebelgesetz:

- Drehmoment links = Drehmoment rechts
- Kraft mal Kraftarm = Last mal Lastarm
- $F_1 \cdot a = F_2 \cdot b$

Beispiel

- Jedes Gewicht hat die Masse 50 g = 0,05 kg
- $F_G = m \cdot g = 0{,}05\ kg \cdot 10\ \frac{m}{s} = 0{,}5\ N$
- Der Hebel ist in 2 cm = 0,02 m eingeteilt
- 0,5 N · 0,16 m = 1 N · 0,08 m
- 0,08 Nm = 0,08 Nm

Hebel I

1 **Welchen Vorteil hat die Benutzung eines Hebels?**

Der Hebel gehört zu den kraftumformenden Einrichtungen. Durch seine Benutzung kann Kraft gespart werden. Es können Betrag, Richtung und Angriffspunkt einer Kraft geändert werden.

2 **Es gibt einseitige und zweiseitige Hebel. Erläutere den Unterschied und nenne je ein Beispiel.**

Man unterscheidet zwischen einseitigen und zweiseitigen Hebeln je nach Lage des Drehpunktes. Bei einseitigen Hebeln, wie z.B. einem Türgriff, Nussknacker oder einem Flaschenöffner, fallen Last– und Kraftarm jeweils zusammen. Bei zweiseitigen Hebeln, wie z.B. Zangen, einer Wippe oder einer Schere, befindet sich der Drehpunkt zwischen den Hebelarmen.

3 **Wie lautet das Hebelgesetz?**

Das Hebelgesetzt heißt: Je länger der Kraftarm, desto geringer die aufzuwendende Kraft.

Kraft · Kraftarm = Last · Lastarm

4 **Bestimme die jeweils fehlende Größe, sodass am Hebel Gleichgewicht herrscht.**

Kraft F_1	Kraftarm a	Last F_2	Lastarm b
120 N	0,8 m	16 N	6 N
35 N	0,7 m	49 N	0,5 m
40 N	1,5 m	50 N	1,2 m
8 N	0,4 m	3,2 N	1 N

Hebel II

1 **Auf einer Wippe stehen im Abstand von 2 m zwei Gewichte, die zusammen eine Gewichtskraft von 400 N auf die Wippe ausüben. Zeichne auf der linken Seite Gewichte so ein, dass die Wippe im Gleichgewicht ist. Finde vier verschiedene Lösungen.**

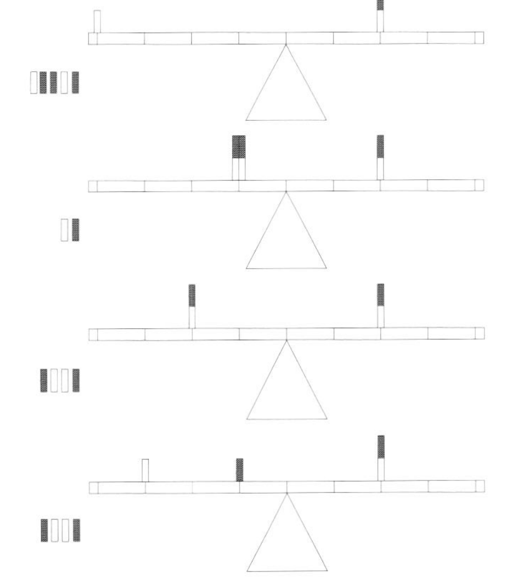

2 **Berechne die Drehmomente ($F_1 \cdot a = F_2 \cdot b$) für die gefundenen Lösungen.**

4 m · 200 N = 2 m · 400 N; 1 m · 800 Nm = 2 m · 400 N;
2 m · 400 Nm = 2 m · 400 N; 1 m · 200 N + 3 m · 200 N = 2 m · 400 N

3 **Mit dem Hebel kann man Kraft sparen. Nenne mindestens vier Beispiele, bei denen das Hebelgesetz eine Rolle spielt:**

a) Fahrradbremse
b) Kran, Schubkarre
c) Schere, Nussknacker, Zange
d) Balkenwaage, Wippe

4 **Welche andere Vorrichtungen kennst du, um Kraft zu sparen? Nenne Beispiele.**

a) Lose Rolle — Bsp.: Flaschenzug, Kran, Schnürsenkel, Rettung eines Bergsteigers mit Karabinerhaken

b) Schiefe Ebene — Bsp.: Gewindeschrauben, Serpentine, Rampe für Rollstuhlfahrer, Keil

Hebel III

1 **Ida (m = 36 kg) sitz auf einer Wippe 2 m vom Drehpunkt entfernt. Ihr Vater (m = 80 kg) kommt hinzu. Berechne, wo der Vater sitzen muss, damit die Wippe im Gleichgewicht ist.**

$F_1 = m_1 \cdot g = 36 \cdot 10 \frac{N}{kg} = 360\ N$ $\quad F_2 = m_2 \cdot g = 80 \cdot 10 \frac{N}{kg} = 800\ N$

$F_1 \cdot l_1 = F_2 \cdot l_2 \quad l_2 = \frac{F_1 \cdot l_1}{F_2} = \frac{360\ N \cdot 2\ m}{800\ N} = 0{,}9\ m$

Der Vater muss 0,9 m = 90 cm vom Drehpunkt entfernt sitzen.

2 **Skizziere die Aufgabe 1 und erläutere das Hebelgesetz mithilfe deiner Zeichnung.**

Aus dem Hebelgesetz folgt, dass bei längerem Kraftarm nur eine geringere Kraft nötig ist, um ins Gleichgewicht zu kommen. Ida mit der geringeren Gewichtskraft muss also weiter entfernt vom Drehpunkt als ihr Vater mit der größeren Gewichtskraft sitzen.

3 **Wenn eine Radmutter zu fest angezogen wurde, benutzt man zum Lösen ein Rohr. Erkläre den Vorteil, der dabei ausgenutzt wird.**

Das Rohr dient als Verlängerung des Kraftarmes. Nach dem Hebelgesetz muss deshalb mit dem Rohr nur eine geringere Kraft aufgebracht werden, um die Schraube zu lösen. Je länger der Kraftarm, desto geringer die aufzuwendende Kraft.

4 **An einem Hebel greifen drei Kräfte an. Bestimme die fehlende Größe und beschreibe dein Vorgehen**

F_1	r_1	F_2	r_2	F_3	r_3
60 N	0,2 m	10 N	0,8 m	40 N	0,5 m

Da F_1 und F_2 auf derselben Seite des Drehpunktes angreifen und F_3 auf der anderen Seite, muss das Hebelgesetz wie folgt lauten:

$F_1 \cdot l_1 + F_2 \cdot l_2 = F_3 \cdot l_3$

Daraus ergibt sich: $F_3 = \frac{F_1 \cdot l_1 + F_2 \cdot l_2}{F_3} = \frac{60\ N \cdot 0{,}2\ m + 10\ N \cdot 0{,}8\ m}{0{,}5\ m} = 40\ N$

Abbildungsverzeichnis

Illustrationen:

Coverabbildung: © Zerbor – Fotolia.com

Kopfzeilenpiktogramme: Satzpunkt Ewert GmbH

weitere Illustrationen: Roman Lechner

Fotos:

Lichtstrahlen im Wald (S. 3): Dr. Hardy Seifert

Fußballer mit Schatten (S. 8): Dr. Ulrich Kilian

antike Sonnenuhr (S. 8) © Deror avi,
URL: https://commons.wikimedia.org/wiki/File:Acco_IMG_2885.JPG?uselang=de

Reflektor (S. 24): gemeinfrei,
URL: https://commons.wikimedia.org/wiki/File:Reflex.jpg?uselang=de

Gewitter (S. 30) © valdezrl – Fotolia.com